बिखरे तिनके

₹ 295

ISBN : 9788170285601

BIKHARE TINKE (Novel) by Amritlal Nagar

मुद्रक : जी. एस. ऑफसेट, दिल्ली

राजपाल एण्ड सन्ज़

1590, मदरसा रोड, कश्मीरी गेट, दिल्ली-110006

फोन : 011-23869812, 23865483, 23867791

website : www.rajpalpublishing.com

e-mail : sales@rajpalpublishing.com

www.facebook.com/rajpalandsons

बिखरे तिनके

अमृतलाल नागर

राजपाल

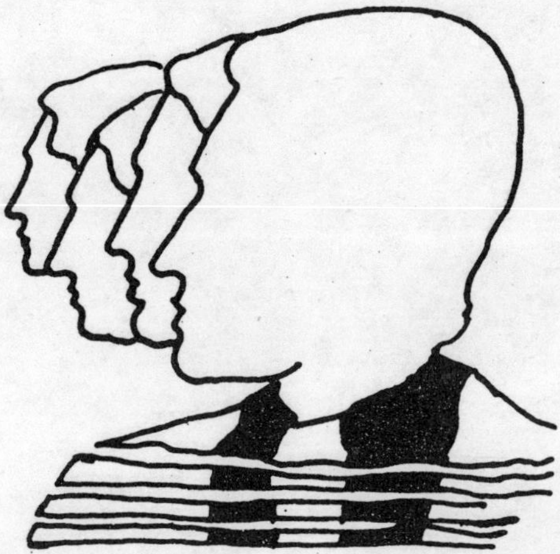

बिखरे तिनके

कनागत की छठ गुरसरनलाल का जन्मदिन है और पिछले पन्द्रह वर्षों से पितर पक्खी सराधों में उनके पिता का श्राद्ध दिन भी। आज उनका छप्पनवां जन्मदिवस है। नगरपालिका के स्वास्थ्य विभाग में हेल्थ अफसर पी० ए० के पद पर काम करने का अन्तिम दिन···शायद एक्सटेंशन के लिए आर्डर आ जाए। कल तक तो हर सुबह आशा की पतंग खूब ढील दे-देकर उड़ाई और हर शाम एक निसांस ढील कर 'शायद कल आए' की आशा के साथ नीचे उतार ली। दिन टल गए परन्तु आज अपने जन्म-दिवस के दिन झूठी चाहत भरे झूठे सपनों की धुंध मिट चुकी है। वस्तु सत्य साफ-साफ झलक उठा है···आज तुम्हारा अन्तिम दिन है। आज तुम रिटायर हो जाओगे। समय आड़े आ रहा है। शायद है आ भी जाए। परसों राजधानी जाकर लोकल सेल्फ के जनसंघी मंत्री से भी मिल आए थे। जटाशंकर शास्त्री के साथ गए थे, मंत्री जी के समधी हैं, मंत्री जी ने आश्वासन भी दिया था। शायद तीन बरस के लिए नौकरी बहाल हो जाए। देखो।···

गुरसरन बाबू का मन ऊंचा-नीचा हो रहा है। साढ़े आठ बज रहे हैं। रघबर महाराज के यहां बिल्लू को भेजा है कि बुला लाए। पता नहीं··· कनागत में बाम्हन और चढ़ती उमरिया में लौंडियों के नक्शे नहीं मिलते हैं।—स्साले! नीचे का आधा मकान किराये पर एक प्रेस वाले को दे दिया है। बैठक का एक दरवाज़ा किरायेदार का मुख्य द्वार बन गया है, बैठक से धुरभीतर तक दीवार खिंचवा दी है इसलिए बैठक और आंगन-दालान छोटे हो गए हैं। बुरा क्या है, तीन सौ रुपये किराये के आते हैं, दीवार उठवाने का खर्च भी किरायेदार ने दिया था। वैसे सतसाईं बाबा की दया से इस समय गुरसरन बाबू की तीन कोठियां सिविल लाइन्स में हैं, दरीबे में एक छह दूकानों वाली इमारत है। ऊपर, तीन फ्लैट बने हैं, जिनमें उनके तीन बेटे अपनी-अपनी गिरस्ती के साथ रहते हैं। बल्कि तीसरा लड़का

संतोषी प्रसाद तो अब पैसेवाला हो गया है, बिशननारायण रोड पर कोठी बनवा रहा है। दुकानों का किराया आप वसूलते हैं। सब मिलाकर दो-सवा दो हज़ार किराये की आमदनी है। चार लड़कियों के ब्याह किए इसलिए बैंक बैलेंस बहुत नहीं बन पाया। पत्नी भी विरासत में एक गांव लेकर आई थीं, उसे ज़मींदारी अबॉलिशन से डेढ़ बरस पहले बेच कर लाख रुपये जमा किए थे, उसका ब्याज भी आता है। खाद के लिए बिकने वाली शहर भर की मैला गाड़ियों की कमाई में गुरसरन बाबू और चीफ सेनेटरी इन्स्पेक्टर तो बड़ी तोंद वाले बने ही, मेहतर महाबीर चौधरी भी लखपती बन गया। म्युनिसिपल अस्पतालों के लिए दवाओं और इंजेक्शनों आदि सामान की खरीद होने पर भी अच्छा कमीशन डकारा है। हर फूड इंस्पेक्टर की आमदनी इनकी मुट्ठी गरम किए बिना हो ही नहीं सकती। शहर भर के फूड इंस्पेक्टरों को अच्छी आमदनी वाले क्षेत्र में अपनी नियुक्ति के लिए गुरसरन बाबू के द्वारा आयोजित ख़ुफिया नीलाम में सबसे ऊंची बोली लगानी पड़ती है! यों खाते तो सभी हैं परन्तु गुरसरन बाबू जैसे सबको बोटी-बोटी नोच कर खाते रहे, वैसा कोई बड़ा बेदिल वाला ही खा पाता है।

गुरसरन बाबू ने जूनियर क्लर्क की नौकरी से शुरू किया था। तरक्की करते-करते हेल्थ अफसर के पी०ए० के पद पर पहुंचे, चींटा भैंसा बनकर रिटायर हो रहा है···अगर आर्डर्स न आए तो? ये साला हेल्थ अफसर हरामी है, सोशलिस्टों, जनसंघियों दोनों को पटाये हुए है और इन्हें बेहद सताता है। हर हफ्ते दो चक्कर राजधानी के मार आता है। दफ्तर में इनके खिलाफ ऐसी पालिटिक्स फैलाई है कि यही हैं जो पिछले तीन वर्षों से शान के साथ झेल रहे हैं। अगर गुरसरन बाबू दो बरसों का एक्सटेंशन पा गए तो हेल्थ अफसर को ऐसे ठौर पर मारेंगे जहां पानी भी न मिले। वैसे अगर आज रिटायर भी हुए तो भी उसकी जनमपत्री ऐसी बिगाड़ जाएंगे जैसी तेजाब से सूरत बिगड़ती है। पिछले पौने दो बरसों में गुरसरन बाबू को फंसाने के लिए एच०ओ० (हेल्थ अफसर) ने क्या-क्या जाल फैलाए हैं कि बस उनका कलेजा ही जानता है। वह तो कहो कि मारने वाले हाथ से बचाने वाला हाथ बड़ा साबित हुआ, बड़े दामाद उन दिनों शहर के सुप्रिटेंडेंट पुलिस थे। अपने ससुर को बचाने के लिए उसने एच० ओ० का बिछाया जाल बार-बार काट कर फेंक दिया। दफ्तर के हर क्लर्क, हर इंस्पेक्टर के पीछे पुलिस की जतामार धमकियां छोड़ दी थीं। इमरजेंसी

ही नहीं उसके बाद भी छः-आठ महीनों तक न तो जनता वाले इनके दामाद को ही हटा पाए और न इनका एक बाल भी बांका हो पाया। तब तक गुरसरन बाबू ने पण्डित जटाशंकर का दरबार भी साध लिया था। इस बीच में एच०ओ० खरोंचें तो बहुत मारते रहे पर उन्हें घायल न कर पाये। देखो, आज एच०ओ० जीतता है कि मैं जीतता हूं!…

बैठक जब से एक दर वाली हो गई है तब से कोठरीनुमा हो गई है। बाप-राज की एक छोटी आरामकुर्सी, तीन मूढ़े और एक गोल मेज़ से भरी-भरी लगती है। ऊपर जाने का एक रास्ता इस कोठरीनुमा बैंठक से जुड़ा है। गुरसरन बाबू ने अपनी चिन्ता समाधि से उबर कर एक खोई हुई नज़र घड़ी पर, दूसरी सीढ़ी पर, तीसरी दीवार पर टंगे कैलेंडर पर डाली। यहां उचटती अकुलाई नज़रें एकाएक होश में आ गईं। 13 सितम्बर। साली अंग्रेज़ी तारीख से भी आज का दिन मनहूस ही साबित हो रहा है। बिल्लू को बाह्मन बुलाने भेजा, वह वहीं चिपक गया। अब नौ बजने में सात मिनट हैं। सवा नौ की बस नहीं छूटनी चाहिए। खैर, आज रिक्शे से भी चला जाऊं तो कम-से-कम खाना खाकर तो घर से निकल सकता हूं। तेलहीन दीये की बुझती बाती की चुन्नी-सी लौ जैसा गुरसरन बाबू का मन इस मनहूसियत बोध से विवश होकर अपने आपको अनिवार्य अंत के प्रति समर्पित करने लगा। लेकिन गुरसरन बाबू को आज आफिस तो करेक्ट रेडियो टाइम से पहुंचना ही है। भले रिटायर हो जाएं पर आज अगर दफ्तर के तीन-चार चिड़ीमारों को जाल में फंसी चिड़िया बनाकर न छोड़ा तो असल बाप से पैदा नहीं। हम तो डूबेंगे सनम यार को ले डूबेंगे। एच०ओ० साले के खिलाफ ऐसे डाक्यूमेण्ट्स हैं कि असेम्बली तक में तहलका मच जाएगा। दूसरे, इस्टेब्लिशमेंट क्लर्क नौबतराय की नौवत बजानी है। कमीना अपने जातिभाई के खिलाफ एक कमीनुल्कमीन बनिये का समर्थन कर रहा है। इस कम्बख्त की तो नौकरी ही ले बीतना है। हेल्थ अफसर को भी त्यागपत्र देने के लिए मजबूर होना पड़ेगा।

कंपिला केमीकल एण्ड फार्मेस्युटिकुल कम्पनी प्राइवेट लिमिटेड में इनके दूसरे दामाद का सगा छोटा भाई काम करता है। सेठ का पी०ए० है। पीने की लत है। एक बार अपने सेठ के नाम एच०ओ० गोयल की एक चिट्ठी गुरसरन बाबू के हाथ पिछहत्तर रुपये में बेच गया था। दफ्तर के छपे कागज़ पर गोयल ने लिखा था—"मैंने आपका भला करने के लिए आदेश-पत्र टाइप करवा लिया है। आप लंच टाइम में आफिस आकर

मुझसे उसपर दस्तखत करा ले जाइए। यह ध्यान रखिएगा कि वस्तु छोटी-छोटी गड्डियों में आए बड़ी में नहीं, गिनती पूरी हो, धन्यवाद।" बीस-बीस रुपये हर बार देकर तीन स्लिपें गुरसरन बाबू ने और भी खरीद रखी हैं। कंपिला कम्पनी के मालिक घीसूमल जैन को पर्ची भेज कर डा० गोयल ने नगरपालिका अस्पताल की मेट्रन सुनन्दा घूरेलाल को रुपये देने को कहा था। सुनन्दा डा० गोयल की रखैल है, यह सब जानते हैं, पर यह कोई नहीं जानता कि बाबू गुरसरन लाल ने उन सभी पर्चियों की फोटो-स्टेट कापियां ही नहीं उनके ब्लाक भी बनवाकर तैयार रखे हैं। दैनिक 'आजकल' के चीफ रिपोर्टर को गुरसरन बाबू के तीसरे बेटे संतोषी ने पहले से ही चटा और पटा रखा है। अगर आज गुरसरन बाबू रिटायर हुए तो कल सबेरे के 'आजकल' में ये ब्लाक छप जाएंगे। लिखित न सही पर यह परम्परा बन गई थी कि लूट का माल एच०ओ० की जेब में उनके पी०ए० की मार्फत पहुंचता था परन्तु डा० गोयल की अपने पी०ए० से कुछ बिगड़ गई तब से ही नौबतराय की मार्फत यह काम होने लगा। नौबतराय की भी एक चिट्ठी इनके पास है। सुनन्दा के नाम लिखी गई यह चिट्ठी भी गुरसरन बाबू ने गुरदीन चपरासी से दस रुपये देकर खरीद ली थी।

गुरसरन बाबू ऐसी कारसाज़ियों में आरम्भ से ही बड़े तेज़ रहे हैं। शुरू में कई बरसों तक एक स्थानीय नेता के लिए ऐसा बहुत-सा काम करके उन्हें लौहपुरुष बनने में बड़ी सहायता पहुंचाई थी। फिर जब लौह-पुरुष मंत्री बनकर लखनऊ जा बसे और एक बार इनके सिर पर भी अपना लोहा बजाया तो दूसरे दिन से ही उनके पर्चे भी अखबारों में छप गए। लौहपुरुष मंत्री जी ने तुरन्त मोम बनकर इन्हें भी पिघला लिया। चालाक से चालाक मनुष्य बेहोशी में कभी न कभी और कहीं न कहीं चूक कर ही बैठता है। गुरसरन बाबू चतुरों के उन्हीं बेहोश क्षणों की चूकों का संग्रह किया करते हैं। अपनी इसी आदत के कारण गुरसरन बाबू से दफ्तर में ऊपर से लेकर नीचे तक सब लोग आतंकित रहते हैं।...परन्तु इस समय तो वह दफ्तर में लेट हो जाने की आशंका से स्वयं आतंकित हैं; लगता है भूखे ही जाना पड़ेगा। कैसी मनहूस है मेरी जन्मतिथि। बीस हाथों वाला रावण दो हाथों वाले के तीरों से मरा जा रहा है—वही रावण जिसने काल को भी बांधकर पटक रखा था। एक गहरी सांस मुंह से निकल पड़ी। हड़बड़ाकर घड़ी पर दृष्टि डाली। इधर नौ की लकीर पर सुई आई उधर

बिल्लू ने एक लड़के के साथ बैठक में प्रवेश किया, कहा, "रघबर महाराज ने कहा है, रोजीने के दो पाठ करके ही आवेंगे।"

"कमीना !"

"मैं उनके भतीजे को पटा लाया हूं। जनेऊ बहुत मैला था इसलिए एक नया जनेऊ भी पहना दिया है। आप इसे लेकर ऊपर चलें।"

तभी बिल्लू को मां सीढ़ी के दरवाज़े पर दिखलाई दीं। बिल्लू हड़बड़ा कर बोला, "मम्मी, रघबर तो पापा का टाइम साध न सकेंगे। उनके भतीजे को ले आया हूं।"

"रघबर के कोई भाई ही नहीं, भतीजा कहां से हो गया। यह तो मुनुआ महाबामन का भांजा है।"

"हां है, पर पण्डित तो है ममी।"

"बिल्लू इसे दस पैसे दे के विदा कर! महाबामन को सराध नहीं जेवाऊंगी।" फिर पति से कहा, "तुम पण्डित की पत्तल मंस के खाना खाओ। जनमदिन के दिन भूखे नहीं जाने दूंगी।"

महाबाह्मन का भांजा पैसों के लिए अड़ गया। चवन्नी लेकर ही टला।

टन्न !

दफ्तरी घड़ी की आवाज़ आज अरसे बाद गुरसरन बाबू के कानों में पड़ी, अपनी रिस्टवाच पर दृष्टि डाली, ढाई बजे थे। उनके मन में इस समय संतोष का सागर आनन्द-तरंगों से लहरा रहा है। अभी आधे-पौन घण्टे पहले ही वह अपने सर्विस-कैरियर की सर्वोत्तम उपलब्धि प्राप्त कर चुके हैं। बाईस फाइलों के बोझ में सबसे नीचे अपनी नई कारगुज़ारी की फाइल लेकर डा० गोयल के पास पहुंचे। थोड़ी देर पहले उन्होंने एच०ओ० को किसी आत्मीय स्वजन किस्म के व्यक्ति से फोन पर यह कहते सुना था कि मैं ठीक सवा बारह बजे दफ्तर से उठ पड़ूंगा। गुरसरन बाबू ठीक बारह बज के दस मिनट्ट पर साहब के पास पहुंचे। गुरसरन बाबू को देखते ही साहब की त्यौरियां आमतौर से चढ़ जाया करती थीं लेकिन आज अच्छे मूड में थे, बोले, "कहिए गुरसरन बाबू, कैसे तकलीफ की?"

"हुज़ूर, नौकरी का अन्तिम दिन है, अपना पूरा नमक अदा कर जाने की चिंता से आपको यह कष्ट देने आया हूं।"

"इतनी फाइलें। पर मुझे तो अभी पांच मिनट में जाना है, भई।"

"पांच ही मिनट का काम है सर, सिर्फ साइन करना है आपको, बड़ी मामूली-सी फाइलें हैं।" कहते हुए पहली फाइल पेश की। गुरसरन बाबू की मनोयोजनानुसार ही पहली फाइल ही डाक्टर साहब को दुर्वासा बना गई। लगभग बीस-बाईस दिन पहले पालिका अस्पताल क़ी मेट्रेन सुनन्दा के पति घूरेलाल (जो संयोग से दफ्तर में जनम-मरन रजिस्टर सम्भालने वाले क्लर्क हैं) के विरुद्ध 'नाइट-सॉयल' क्लर्क माताप्रसाद की शिकायत पर साहब ने अपने पी० ए० को जांच के लिए आदेश दिया था। गुरसरन बाबू जानते थे कि उस समय सुनन्दा और डा० गोयल के अवैध रिश्ते से दुखी घूरेलाल ने अपनी नसबन्दी करवाके अपनी पत्नी को यह धमकी दी थी कि अब जो तुम्हारे बच्चे होंगे उनका बाप कानूनी तौर पर मैं नहीं तुम्हारा यार ही कहलाएगा। सुनन्दा ने डर कर यह बात अपने यार से कह दी। यार ने दुष्ट पति को दण्डित करने के लिए उसके विरुद्ध शिकायत लिखवाकर फाइल चलवा दी। बाद में घूरेलाल अपनी पत्नी और उसके प्रतापी प्रेमी के चरणों में पाहिमाम हो चुके थे और एच०ओ० ने मौखिक रूप से गुरसरन बाबू से यह कह भी दिया था कि घूरेलाल की शिकायत फाड़ कर फेंक दें, इंक्वायरी न करें। फिर भी फाइल पेश थी और घूरेलाल सुलफेबाज़, जुआरी और लड़ाका साबित कर दिया गया था, साथ ही यह नोट भी था कि इस बार घूरेलाल को केवल कठोर चेतावनी ही दी जाए। यह फाइल देखते ही डा० साहब का मूड ऑफ हो गया, "मैंने आपसे कहा था कि इस लेटर को डिस्ट्राय कर दीजिए।"

"गलती हो गई सर, सुन नहीं पाया था। इसे अभी खतम कर दूंगा। बाकी फाइलें—"

गुरसरन बाबू का चलाया तीर अपने ठीक निशाने पर लगा। घूरेलाल प्रकरण साहब के काले क्रोध को जगा गया। जाने की जल्दी भी थी इस लिए गुरसरन बाबू की मनहूस सूरत को जल्द से जल्द टालने की उतावली में आंखें मींच कर दस्तखत करते चले गए। घूरेलाल के कागज़ फाइल से नोच कर गुरसरन बाबू ने साहब के सामने ही फाड़ फेंके और हाथ जोड़ कर कहा, "आज मेरा आखिरी दिन है सर, मुझसे जो अपराध हुए हों उन्हें क्षमा करें।"

एच०ओ० यह कहते हुए निकल गए कि बाबू नौबतराय को चार्ज देकर जाइएगा। साहब के जाने के बाद मनोवैज्ञानिक धोखाधड़ी से जिस सादे कागज़ पर साहब के दस्तखत करा लाए थे उसपर गुरसरन बाबू ने

डा० गोयल के खासुलखास चमचों के विरुद्ध एक बड़ा ही सख्त नोट टाइप किया। साहब की दस्तखती चिड़िया के ऊपर प्रशासक के नाम यह नोट लिखा कि इन लोगों के विरुद्ध कुछ प्रमाण एकत्र किए जा चुके हैं जो संलग्न हैं। इनके विरुद्ध उच्चस्तरीय जांच करने के आदेश दिए जाएं। प्रमाणों की फोटोस्टेट प्रतियों के साथ चार व्यक्तियों पर आरोप लगाए गए थे: पालिका अस्पताल की मेट्रन सुनन्दा घूरेलाल, इस्टेब्लिशमेंट क्लर्क नौबत-राय, फूड इंस्पेक्टर गुरुबचन सिंह और नाइट सॉयल क्लर्क माताप्रसाद।

किसीको कबूतर पालने का शौक होता है, किसीको टिकट जमा करने का, गुरसरन बाबू की हॉबी दूसरों की कमज़ोरियों के प्रमाण एकत्र करने की रही है। उसी शौक की बदौलत अपने सेवा काल की यह अन्तिम फाइल लेकर ढाई बजे वह प्रशासक के पी०ए० चंद्रप्रकाश अग्रवाल के पास गए। चंद्रप्रकाश और डा० गोयल सजातीय और सम्बन्धी अवश्य हैं पर उनके चंद्रमा आठवें-बारहवें पड़े हुए हैं। गुरसरन बाबू ने बातों में मिठास घोल-कर एच०ओ० और पी०ए० की आपसी कड़ुवाहट को उभारा। रखैल सुनन्दा को क़ैसी सफाई से उसके यार के हाथों ही कत्ल करवाया है कि उसे देखकर चंद्रप्रकाश बाबू गुरसरन बाबू को अपना गुरु मान गए। प्रशासक महोदय सवा तीन बजे लंच से लौटे। चंद्रप्रकाश फाइल पर एक हफ्ते में रिपोर्ट देने के आदेश लिखकर अपने बड़े साहब के दस्तख्त करा लाए। चलते-चलाते गुरसरन बाबू भी बड़े साहब को अपना विदा प्रणाम निवेदन करने गए। बड़े साहब ने कहा, "मिस्टर गुरसरन, मुझे दुख है कि आपको एक्सटेंशन न मिल सका। मेरे पास ऊपर से भी आपके लिए फोन आया था मगर चूंकि डा० गोयल का नोट आपके बहुत खिलाफ था इसलिए ..."

"...कोई बात नहीं हुज़ूर, आपके दिल में मेरा ख्याल है यही बहुत है।"

लगभग पौने चार बजे अपने विभाग में पहुंचे। स्वास्थ्य विभाग दर-असल रोज़ इसी समय गुलजार होता है। विभिन्न क्षेत्रों के खाद्य, सफाई आदि के निरीक्षकगण तीन बजे के बाद ही यहां अपनी रिपोर्ट देने आते हैं। केसरगंज वार्ड के फूड इंस्पेक्टर मानस महोदधि पंडित रामखेलावन मिश्र गुरसरन बाबू से लगभग पांच-दस सेकेण्ड पहले कमरे में आए थे। क्रय-विक्रय क्लर्क एस०डी० शर्मा की मेज़ के सामने पड़ी कुर्सी खींच कर बैठ ही रहे थे कि गुरसरन बाबू ने प्रवेश किया। उन्हें देखते ही मिश्र जी बोले, "अरे गुरसरन बाबू, बड़ी उमर हो आपकी, मैं अभी रास्ते में आप ही

के विषय में चिंता करता आ रहा था···पहले बतलाइए शुभादेश आ गया ?"

आमतौर से गम्भीर रहनेवाले गुरसरन बाबू इस समय परम प्रसन्न थे। दायें हाथ की फाइल बाईं बगल में दबाकर तपाक से शेकहैंड के लिए हाथ बढ़ाया और कहा, "आफिस में आज आपसे पार्टिंग शेकहैंड कर लूं पंडित जी। ब्राह्मन हैं इसलिए चरन भी···"

"अरे, अरे, आप आयु में, पद में मुझसे ज्येष्ठ हैं।" गुरसरन बाबू को चरणों तक न झुकते उठकर दोनों हाथों से खींचकर छाती से कसकर लगा लिया। फिर नौबतराय की मेज़ के पास रखी कुर्सी खींचकर गुरसरन बाबू को हाथ पकड़कर बैठाया। फिर कहा, "अरे, हमें तो बड़े विश्वस्त सूत्रों से पता चला था कि आपको अट्ठावन वर्ष···"

"वह सत्य था मगर यह भी सत्य है, मिश्र जी। हमारे माननीय बॉस ने बहुत एडवर्स कमेण्ट्स दिए थे। प्रशासक बेचारे क्या करते। वह तो बहुत ही इंसाफपसंद और सज्जन पुरुष हैं।"

एच० ओ० की निंदा सुनकर उनके सबसे बड़े चमचे नौबतराय उचके, बोले, "बड़ी-बड़ी रमायनें बांचते हैं आप पंडित जी, न्याय की कहिए। भला काले नाग को पालने के लिए भी कोई उसे दूध पिलायेगा।"

दफ्तर में सन्नाटा छा गया। प्रसंग को आध्यात्मिक बनाते हुए मिश्र जी बोले, "देखिए बाबू नौबतरायजी, किसीको दोष देना उचित नहीं है। मैं तो सच पूछिए यह मानता हूं कि न तो डाक्टर साहब का दोष है और न हमारे माननीय गुरसरन बाबू का ही, श्रीराम सरकार की मर्ज़ी अब कुछ और है। वह यह देखते हैं कि म्युनिसिपल सर्विस से पाई हुई लक्ष्मी से अब यह कोई धन्धा करें कि जिससे इनका और सैकड़ों बेकारों का भला हो···"

"अपना भला ये अवश्य करेंगे, मगर दूसरों का भला ?—यह इनके धरम में लिखा ही नहीं। एक लड़का स्मगलर प्रिंस हो ही गया। भारत-हांगकांग से ऐसे आता-जाता है जैसे घर-आंगन में घूमता हो।"

"देखिए नाइट सॉयल बाबू, अपने काम की सड़ांध सज्जनों के बीच में मत फैलाइए···"

"अरे, उसीकी बदौलत तो कोठियां खड़ी की हैं इन्होंने।" कहते-कहते नाइट सॉयल बाबू अपनी कुर्सी पर दोनों पैर उठाकर उचककर बैठ गए।

गुरसरन बाबू कुर्सी से उठे, "अच्छा, मिश्र जी···"

"अरे वाह, इस प्रकार कैसे ? बंधुओ, आज हमारे बाबू गुरसरन लाल जी श्रीवास्तव हमारे कार्यालय से विदा ले रहे हैं, उनके लिए अपशब्द बोलना उचित नहीं है। हमें कम से कम अपने कार्यालय की परम्परा रखते हुए एक फेयरवेल पार्टी देनी चाहिए। लाइए, एक-एक रुपया निकालिए फटाफट।"

"नहीं पंडित जी, आपने अपने श्रीमुख से ये जो शब्द कह दिए यही फेयरवेल बहुत है। अब आज्ञा दीजिए।" चलने के लिए खड़े होकर एक बार नौबतराय की ओर मुड़े, मुस्कराकर कहा, "आपसे भी एच० ओ० ने कहा होगा। मुझे भी आदेश दिया है कि नौबतरायजी को चार्ज दे दो। पांच बजे तक जब चाहिए चार्ज ले लीजिए।"

नौबतराय भी अब नर्म पड़ चुके थे, कहा, "चार्ज में लेना ही क्या है। टाइप राइटर रहेगा ही। स्टेशनरी···हां फाइलें···"

"मैंने आज ही सब साइन कराके रख ली हैं, एक भी पेंडिंग में नहीं रखी। आप कल से कल का काम ही शुरू करेंगे।" गुरसरन बाबू एक बार भानस महोदधि मिश्र जी को दूसरी बार सबको एक घुमौवा हाथ जोड़ करके अपने कमरे में चले गए। उनके जाने के बाद इस्टेब्लिशमेंट बाबू दबी ज़बान में बोले, "हज़ार हरामियों के सांचे जोड़कर ब्रह्मा जी ने इसको ढाला था। इनकी थाह न धरती के भीतर लगती है और न आकाश में।"

मिश्र जी बोले, "अरे कुछ भी हो यार, आफिस का ट्रेडीशन मत बिगाड़ो, विदाई समारोह होना ही चाहिए। लाओ, सब जने एक-एक रुपया निकालो, शर्माजी, हां, यह बात है। धन्यवाद, बाबू नौबतराय। अरे डाक्टर कुलश्रेष्ठ, निकलो भाई।

"एक रुपया बहुत होता है, मिश्रा ज़ी"—

"मिश्र कहिए, मैं स्त्री थोड़े ही हूं जो मिश्रा कहते हैं।"

"अरे खैर, मिश्र ही सही? अमा रुपये में पूरे सौ नये पैसे होते हैं महाराज।"

स्टेनो बाबू डाक्टर कुलश्रेष्ठ हंस पड़े, बोले, "आपकी बात पर एक पुराना कवित्त याद आ गया। किसी उन्नीसवीं शताब्दी के कवि ने आप ही की तरह रुपये का बड़प्पन बखाना था।"

"अरे सुनाओ यार, कविताओं और भविष्यवाणियों के तो तुम बादशाह हो।" एस० डी० शर्मा की बात पर और भी एक-दो बातें उठीं। डाक्टर

कुलश्रेष्ठ सुनाने लगे, "रुपये की महिमा बखानते हुए कवि कहता है—

जामे द्वै अधेला, चार पावली, दुअन्नी आठ, तामैं पुनि आना
सखि सोलह समात हैं।
बत्तिस अधन्नी जामैं चौंसठ पैसा होत, एक सौ अट्ठाइस अधेला
गुनमात हैं॥
जुग सत छप्पन छदाम तामैं देखियत, दमड़ी सु पांच सत बारह
लखात हैं।
कठिन समैया कलिकाल की कुटिल दैया, सलग रुपैया भैया
कापै दियो जात है॥"

"अरे वाह कुलश्रेष्ठ, नौबतराय तो केवल सौ तक ही गिन पाए परन्तु तुमने तो सैकड़ों से रुपये का वजन बढ़ा दिया। देख लिया मिश्र जी, कोई रुपैया दिवैया यहां दिखलाई नहीं पड़ता। चाहें तो मेरे रुपये से आप फेयरवेल दे सकते हैं।"

"अरे यार, रखो भी अपना रुपया, आफिस में किसीका भी फेयरवेल देने का मूड नहीं है।" नौबतराय बोले।

स्टेनो बाबू ने कहा, "अरे, ये तो अपनी मर्ज़ी से जा रहे हैं, चुनाव के बाद वड़े-बड़े यहां से बेआबरू होकर निकाले जाएंगे, तब फेयरवेल का मूड बनाइएगा बाबू नौबतराय जी।"

"तो क्या तुम समझते हो कि तुम्हारी भविष्यवाणी सत्य सिद्ध होगी?" मिश्र जी ने बड़े रौब के साथ पूछा।

स्टेनो बाबू भी उसी तरह रौबीले शब्दों में (कुछ-कुछ मुस्कराते हुए भी) बोले, "मान्यवर, आप कुलदीप कुलश्रेष्ठ की बात पर अविश्वास कर रहे हैं। क्या आपको यह स्मरण नहीं है कि मैंने ही पहले वाले मुख्यमंत्री का तख्ता पलटने की भविष्यवाणी सबसे पहले की थी, तब आप ही की तरह तीन-चार भविष्यवक्ताओं के कमेण्ट्स मेरी भविष्यवाणी के विरुद्ध निकले थे।—"

नाइट सॉयल बाबू माताप्रसाद गद्गद होकर बोले, "हमें खूब याद है कि डाक्टर साहब, तब आपने भी उन पंडितों की लॉजिक काटने में अपना शास्त्रार्थ दिखलाया था, बल्कि हमें अच्छी तरह याद है कि आपने ये जो प्रेजेण्ट चीफ मिनिस्टर हैं, उनके आने की बात भी प्रेडिक्ट कर दी थी।"

मानस महोदधि पंडित रामखिलावन मिश्र कुछ उखड़ी-उखड़ी सी अदा में बोले, "भई, तुम्हारी वो भविष्यवाणी सही थी, हमें याद है। मगर

हमारा भी यह ब्रह्मवाक्य आज की दिनांक में नोट कर लो स्टेनो बाबू, कि इन्दिरा कांग्रेस जीत भले ही जाए परन्तु उसे बहुमत कदापि नहीं मिलेगा।"

स्टेनो बाबू, डा० कुलदीप कुलश्रेष्ठ हंसे, हाथ जोड़कर बोले, "अपना ब्रह्मवाक्य अभी रिजर्व रखिए, मिश्र जी, क्योंकि आप सब जगह दिसम्बर के अन्त में इस अकिंचन कुलश्रेष्ठ की भविष्यवाणी को सत्य प्रतिफलित होते हुए देखेंगे। इन्दिरा गांधी उतनी ही प्रबल मेजारिटी से जीतेंगी जैसी पिछली बार जनता जीती थी।"

"अमां, कोऊ नृप होय हमें का हानी। हम तो वैसे के वैसे नाइट सॉयल बाबू ही बने रहेंगे। हां, यह हमारे इस्टेब्लिशमेण्ट बाबू कल से एच०ओ० के पी०ए०—"

"इस भ्रम में न रहिएगा बाबू माताप्रसाद, मैं बड़े रिलायेबिल सोर्स से पहले ही जान चुका हूं कि कौन पी०ए० बनकर आ रहा है। मुझे तो खाली नोमीनल चार्ज लेना है। कल से दो-चार रोज़ एच०ओ० की चिट्ठियां-विट्ठियां हमारे कुलश्रेष्ठ बाबू टाइप कर दिया करेंगे, बाकी जब फिर पन्नालाल आवेंगे तभी गुरसरन बाबू की जगह भरेगी। मैं तो जो हूं वही रहूंगा। अमां कौन क्या बनेगा, क्या बिगड़ेगा इसकी चिन्ता क्यों करें, हुइये वहै जो राम रचि राखा। क्यों भई, मिश्र जी ?"

मानस महोदधि मिश्र जी ने बात का प्रसंग ही बदल दिया, कहा, "शर्मा जी, हम रोटरीवालों के यहां शैडो प्ले के साथ रामायण पाठ करेंगे। आप अवश्य देखने आइएगा। लखनऊ के कलाकार हैं, उनके झण्डे बम्बई तक गड़े हुए हैं।"···

रामदीन चपरासी के हाथों सारी चिट्ठियां और फाइलें यथास्थानों पर भिजवा कर गुरसरन बाबू ने अपनी सब खाली दराज़ें झड़वाईं और उसके बाद दाहिने हाथ की दराज़ में नई फाइल रखकर और जेब से चालीस पैसे का एक छोटा-सा ताला निकालकर उसे बन्द किया। उसकी चाबी बायें हाथ की सबसे नीचे वाली दराज़ में पीछे की ओर फेंक दी, फिर मुस्कराए, घड़ी देखी, चार बजकर पच्चीस मिनट हुए थे। सोचा, चलें। पर जिस कमरे में, जिस कुर्सी-मेज़ पर पिछले आठ-नौ वर्षों में उन्होंने भले-बुरे काम करते हुए अपने दिन बिताए हैं, उससे उसे एकाएक छोड़ने को उनका जी नहीं चाह रहा था। एक जगह गुरसरन बाबू के मन में यह कष्ट भी था कि उनका विदाई समारोह नहीं हुआ। खैर, न सही। उन्होंने

दफ्तर में एक ऐसा टाइम बम रख दिया है जो सम्भवतः कल-परसों में ऐसा विस्फोट करेगा कि अच्छे-अच्छे बिना विदाई समारोह के ही यहां से विदा होने पर मजबूर होंगे। यह सोचकर उनका मन भीतर ही भीतर अट्टहास कर उठा। उसी आह्लाद में यह ध्यान भी आया कि संतोषी से मिलकर 'आजकल' के रिपोर्टर को मसाला देना है। संतोषी के दफ्तर में फोन किया और बतलाया कि वह आ रहे हैं। चलो, यह काम भी कर लिया, अब चलना चाहिए। चपरासी को आवाज़ दी, "रामदीन।"

रामदीन सामने आ गया। गुरसरन बाबू ने अपना दफ्तर का गिलास उठाकर अपनी कोट की जेब में डालते हुए कहा, "सुनो, तुम्हारी कैरियर बुक में मैं बहुत ही अच्छा नोट लगाकर चला हूं, तुमने मेरी बहुत सेवा की है।"

"अरे हज़ूर, आप ऐसे हाकिम बड़े भाग से ही आते हैं। क्या कहें साहिब, इन आफिस वालों की नीचता कि आपको फेरवेल पारटी भी···"

रामदीन के कंधे पर हाथ रखकर थपथपाते हुए "अरे भैया, छोड़ो भी यह चकल्लस, तुम शाम को हमारे यहां आना। खाना वहीं होगा, समझे।" कहकर एक नज़र अपने कमरे की हर चीज़ पर डाली और तेज़ी से बाहर निकल आए। दफ्तर वालों ने उन्हें जाते हुए देखा। मानस महोदधि मिश्र जी उस समय कमरे में नहीं थे. बाकी लोग उन्हें देखकर चिड़ीचुप हो गए। एक नाइट सॉयल बाबू ही चहक कर बोल उठे, "निकलना खुल्द से आदम का सुनते आए थे लेकिन, बहुत बे-आबरू होकर तेरे कूचे से हम निकले।"

दरवाज़े से निकलते हुए गुरसरन बाबू पलटकर मुस्कराए, मन में कह रहे थे, कल देखना बच्चू, मैं बे-आबरू होकर निकला हूं या तुम लोग निकलोगे।

दो

मुंशी भगवानसहाय एक गांव के मालिक और एक कानी कन्या के पिता थे। उन्हें अपनी बिन मां की वड़ी लाड़ली बेटी गुलाब कुंवर के लिए उपयुक्त वर की तलाश थी। बिरादरी के बड़े-बड़े लोगों के पढ़े-लिखे लड़के गांव की लालच में जब कानी बीवी को स्वीकार करने के लिए तैयार नहीं हुए तब हारकर उन्होंने म्युनिसिपेलिटी में एक विभाग के सुपरिंटेंडेंट बाबू श्योसरन लाल के इकलौते पुत्र गुरसरन बाबू को अपना दामाद बनाने के लिए कम्पे डाले। दो बेटियों के ब्याह में श्योसरन बाबू पहले ही अपनी तिजोरी की तली झाड़ चुके थे। इसलिए उन्हें साठ-सत्तर हज़ार की वारिस कानी पतोहू को लाने में कोई आपत्ति नहीं दिखलाई दी। किन्तु गुरसरन की अम्मा को अपने इकलौते बेटे के लिए कानी बहू पसन्द न थी। गुरसरन बाबू की उम्र तब केवल सोलह वर्ष थी, दसवें दर्जे में ही पढ़ रहे थे मगर दुनियादारी के ज्ञान में बड़े आलिम-फ़ाज़िल थे। पिता से बोले, "लाला, मेरे स्कूल के हेडमास्टर ने भी अपनी एक आंख पत्थर की बनवाई है। चश्मा लगा लेने पर नकली और असली आंख में कोई भेद ही नहीं दिखलाई देता। अम्मा से कह दीजिए कि लड़की के बाप ने आपरेशन के बाद आंख ठीक करवाके ही ब्याहने का वचन दिया है।"

बाबू श्योसरन ने बेटे को कलेजे से लगा लिया, कहा, "तू बड़ा होनहार है, ज़रूर लखपती बनेगा।"

सन् '39 में ब्याह हुआ, गुलाब कुंवर बहू लक्ष्मी बनकर आई। '40 में हाईस्कूल पास किया। स्कूल छोड़ा, इधर-उधर कभी कुछ एवज़ी की नौकरियां, कभी ट्यूशन करते हुए प्राइवेट तरीके से इंटर किया। उसी साल गौना हुआ। गुलाब कुंवर ने अपने सेवाभाव और मीठे व्यवहार से अपनी कानी आंख की कसक अपनी सास के मन से निकाल दी। इंटर करके ससुर ने कहा कि बेटा थोड़ा ज़मींदारी का काम भी समझ लो, आगे तुम्हें ही करना है। वह समझा और शार्टहैंड-टाइपराइटिंग भी सीखी। उन्होंने '42

के आंदोलन में नेताओं की पकड़ा-धकड़ी, हिटलर-मुसोलिनी की चर्चा, बढ़ती महंगाई और कीर्तनों या फिल्मों के चस्कों में न पड़कर केवल अपने ही दो टकों की कमाई का ध्यान किया—अपने मां-बाप को एक पोते का उपहार भी दिया। यह गुलाब कुंवर पर और गुलाब कुंवर इनपर हज़ार जान से रीझे रहे। तभी एक दिन श्योसरन बाबू ने अपने लायक पूत से कहा, "बेटा, हमारे हैल्थ डिपार्ट में एक नाइट सॉयल क्लर्क की जगह खाली होने वाली है, तू उसमें बैठ जा। तनख्वाह ज़रूर पच्चीस रुपये ही है पर काम ऐसा है कि लक्ष्मी मैया दौड़कर आती हैं। राधेलाल ने कम-से-कम बीस-बाईस हज़ार रुपया बनाया है। एक बार तू इस डिपार्टमेंट में घुस भर गया तो समझ ले कि मेरी उमर पाने तक तू लाखों में खेलने लगेगा। अभी दो वर्ष मेरे रिटायरमेंट में बाकी हैं। बैठ जाएगा तो मुझे भी तुझे आगे बढ़ाने में कुछ मौके हाथ लग जाएंगे। पढ़ाई साली में क्या रखा है। अच्छे-अच्छे एम०ए०, बी०ए० मारे-मारे फिर रहे हैं।"

गुरसरन ने अपने पिता के चरन छुए और कहा, "लाला, मैं आपको और अम्मा को बुढ़ापे में हर तरह से सुखी बनाना चाहता हूं। पढ़ाई से सिर्फ डिग्री हासिल होगी और आप दोनों की सेवा करने से मेरा यह लोक और वह लोक दोनों ही बन जाएंगे।"

बेटे को लाखों आशीषें देकर बाबू श्योसरन ने पढ़ाई छुड़वाकर गुरसरन को अपने यहां नाइट सॉयल क्लर्क बनवाया। यह सन् 1945 की बात है।

और आज 13 सितम्बर, '80 के दिन नौकरी के सारे पापड़ बेलकर लगभग ढाई-तीन लाख की सम्पत्ति, आठ बेटे-बेटियों और उनके परिवारों से सुखी जीवन बिताते हुए वे नौकरी से रिटायर हुए हैं। दफ्तर में बहुतों के लिए यमदूत और अपने तथा हाकिमों के लिए सफल लक्ष्मीवाहक बनकर वे आज दफ्तर से विदा होकर रिक्शे पर बैठ रहे हैं। दो-तीन बरस का एक्सटेंशन मिल जाता, 58 पर रिटायर होते तो कुछ और लाभ होता। खैर, सतसाईं बाबा जो सोचते हैं वह भले के लिए ही सोचते हैं और उनके मन में यह संतोष क्या कम है कि चलते-चलाते अपने कट्टर दुश्मन, हैल्थ अफसर डा० गोयल और उसके खास-खास चमचों के विरुद्ध ऐसा टाइमबम बनाकर रख आए हैं कि कल-परसों में जब जोरदार धड़ाका होगा तब दुष्टों की समझ में आयेगा कि बाबू गुरसरन लाल क्या हस्ती है।

अपने तीसरे पुत्र संतोषीप्रसाद उर्फ छुटकन्नू के कार्यालय की ओर जाते

हुए गुरसरन बाबू अपनी महिमा से आप ही फूले हुए थे। उन्हें अपने रिटायर होने का तनिक भी गम नहीं। दो-दो मकान हैं, कोठियां हैं, दूकानें हैं। बेटे-बेटियों से उऋण हो ही चुके हैं। बस एक चौथी बेटी को लेकर ही मन में तीखी कचोटें उठा करती हैं। उसकी ससुराल वालों ने, खास करके पति ने ही गुरसरन बाबू का अधिक-से-अधिक पैसा खींचने के लोभ में दुख दे-देकर उसे जलाकर मार डाला। पिछले साल-भर से गुरसरन बाबू उनसे मुकदमा लड़ रहे हैं और अपनी स्वर्गीय बेटी की चिट्ठियों से तथा उसकी ससुराल के पास पड़ोसियों से जैसे प्रमाण इकट्ठे कर लिए हैं उससे यह आशा है कि वे मुकदमा जीत जाएंगे। हालांकि दुष्ट समधी और दामाद भी कम शातिर नहीं हैं। उन्होंने भी अपने बचाव के लिए कई मोर्चे बड़ी सावधानी से संभाल रखे हैं।

दूसरा गम उन्हें अपने सबसे छोटे चौबीस वर्षीय बेटे चि० सतसाईं प्रसाद उर्फ बिल्लू की ओर से है। एम०ए० पास कर चुका है, एल०एल०बी० में दाखिला ले रखा है और प्रायः हर काम बापकी मर्ज़ी के खिलाफ ही करता रहता है। यहां से लेकर राजधानी तक के छात्रों का नेता है। पूंजीपतियों और अफसरशाही के खिलाफ उसकी तलवार सदा तनी ही रहती है। कई अखबारों में रिपोर्टिंग भी करता है। अब तो घर में भी नहीं रहता है। एक अलग कमरा ले रखा है। अपनी मां के कारण ही जब-तब दो-चार दिन आकर रह लेता है। बाप से एक पैसा भी लेने की इच्छा नहीं रखता। उसकी लोकप्रियता गुरसरन बाबू को सदा डराती रहती है। ससुरा नालायक ही सही पर बेटा तो अपना ही है।

सतसाईं उर्फ बिल्लू से गुरसरन बाबू जितने ही असंतुष्ट हैं उतने ही उसके मंझले बड़े भाई संतोषीप्रसाद उर्फ छुटकन्नू से प्रसन्न भी हैं। यह बेटा उनके चारों बेटों में सबसे अधिक कमाऊ पूत निकला। यही बेटा एक दिन करोड़पति बनकर उनके कलेजे को शीतल करेगा।

गुरसरन बाबू के तीसरे बेटे संतोषीप्रसाद का 'एक्सपोर्ट-इम्पोर्ट ट्रेडर्स' कार्यालय चौक सर्राफे से लगभग तीन फर्लांग दूर शेषनाग मार्ग पर स्थित है। इस दफ्तर से चूंकि डेढ़ किलोमीटर दूर दूसरी शताब्दी ईस्वी का एक शेषनाग मंदिर अभी आठ वर्ष ही पहले पुरातत्त्व विभाग ने उद्घाटित किया है इसलिए उस मार्ग का महत्त्व भी बढ़ गया है। वहां एक बड़ी-सी बावली निकली है जिसके तीन खंड अब भी शेष हैं। बावली के ऊपर बनी हुई मंज़िलें संयोग से इस तरह ध्वस्त हुई थीं कि बावली के तल में बनी हुई शेषनाग की भव्य मूर्ति टूटने से प्रायः बच ही गई। केवल बायें भाग के

कई फनों वाला हिस्सा टूट गया है। इसी शेषनाग के टीले की खुदाई से संतोषीप्रसाद का भाग्य चमका, पुरानी मूर्तियों के धंधे में बरबस ही नियति ने धकेल दिया। मूर्तियों के धंधे के बहाने स्मगलिंग के धंधे से जान-पहचान हुई, फिर मूर्तियों के अलावा सोने की तस्करी से भी घनिष्ठता जुड़ी। पिछले छ: वर्षों में संतोषी बाबू पन्द्रह-बीस बार हांगकांग हो आए हैं। जापान और अमरीका भी तीन-चार बार घूम चुके हैं। शेषनाग के टीले की तरफ ही कोने में रायबहादुर प्रभुदयाल की कोठी थी जिसे उन्होंने कभी अपने आमोद भवन के रूप में ही बनवाया होगा। उसी कोठी में संतोषी के 'एक्सपोर्ट-इम्पोर्ट-ट्रेडर्स' का आफिस है। पुरानी ढंग की वस्तुएं, हिन्दुस्तानी ढंग के सोने-चांदी के ऐसे आभूषण जो विदेशी सैलानियों को आकृष्ट कर सकें, भारतीय पोशाकें, कालीनें, झाड़फानूस, पुरानी तस्वीरें आदि सामान अलग-अलग कमरों में सजा हुआ है। पीछे के हिस्से में पहले 'बार' भी था और अब जनता राज में केवल उपहार गृह है। इसी तरफ दो कमरों में संतोषीप्रसाद का दफ्तर है। एक में स्वयं बैठते हैं, दूसरे में उनके दो भाई और एक स्टेनो।

गुरसरन बाबू को रिक्शे में आया देखकर दरवाजे पर खड़े गोरखा चौकीदार ने उन्हें तनकर सलाम किया और फाटक खोल दिया। गुरसरन बाबू का रिक्शा कोठी के पिछवाड़े तक चला गया। संतोषी अपने आफिस के बाहरी बरामदे में निकल आया था।

"पैसे आप न दीजिएगा पापा, मेरा आदमी इसी पर 'आजकल' प्रेस चला जाएगा, सब पेमेंट एक साथ कर देंगे।" पिता को साथ लेकर क्लर्कों वाले कमरे में गया। एक बाबू को कहीं जाने और कुछ करने के आदेश दिए, फिर पिता के साथ अपने आफ़िस में प्रवेश किया।

बेटे के दफ्तर में घुसते ही गुरसरन बाबू को गर्व हुआ। पालिका के प्रशासक का कार्यालय भी इतना भव्य नहीं है। चीनी, जापानी और भारतीय शैली के चार बड़े-बड़े चित्र दीवारों पर टंगे हुए थे, पूरे कमरे में कालीन बिछी थी, अति उत्तम फर्नीचर से कमरा चमचमा रहा था। गुरसरन बाबू ने बैठते हुए कहा, "भई प्रशासक के आर्डर वाला कागज़ लाना मैंने मुनासिब नहीं समझा। दफ्तर तो जाना नहीं था, कागज़ फाइल में पहुंचता कैसे ?"

"ठीक है पापा, मेरे पास बाकी कागज़ों की फोटोस्टेट कापियां हैं ही, एक न सही। ओरिजनल लैटर्स भी रखे हैं और उनके ब्लाक भी, बस मेरा

आदमी लेने ही जा रहा है। कहिए तो चक्करपानी चौबे को अभी ही बुलवा लूं।"

'हां, बेटे, मैं दरअसल उसीके लिए सीधे तुम्हारे पास आया हूं, बल्कि आज तो सच पूछो तो मैं अपने उसूल के खिलाफ दफ्तर से आधा घण्टा पहले ही चला आया। यह ब्लाक मैंने इसीलिए तुमसे तैयार करवाने को कहा था कि वह तुम्हारा चक्करपानी यहां बैठकर मेरे सामने ही रिपोर्ट लिखे और उन ब्लाकों के साथ आज रात ही छप जाए। मेरी यह आज वाली फाइल कल दफ्तर में खुलने से पहले ही नगर में तहलका मच जाना चाहिए।"

"टु द प्वाइंट काम होगा पापा, आप निश्चित रहें। मैं चक्करपानी को अभी बुलाता हूं" बैठे-बैठे ही घण्टी बजाई, चपरासी आया, उससे अपनी टेबुल का फोन सोफे के पास मंगवाकर रखा और कहा, "आपरेटर से कह दो 'आजकल' के रिपोर्टर चक्रपाणि जी से लाइन मिला दे।" दो मिनटके बाद ही चौबे चक्रपाणि टेलीफोन लाइन पर आ गए। संतोषी ने कहा, "मैं गाड़ी भेज रहा हूं चौबे जी, तुरन्त चले आइए···हां वहीं, बल्कि अपने ब्लाक डिपार्टमेण्ट में यह भी कह आइएगा कि मेरा आदमी उन्हें लेने के लिए यहां से चल पड़ा है। आप फौरन से पेश्तर आइए। हां-हां भई, बढ़िया चाय पिलवाऊंगा।" टेलीफोन रख दिया और पिता से पूछा, "पापा आपके लिए नाश्ता अभी मंगवाऊं या···।"

"अभी तो खाली एक प्याला चाय ही मंगवा दो।" फिर घण्टी पर उंगली पड़ी, फिर चपरासी आया और उसे आदेश देने के बाद ही बाप-बेटे में बातें शुरू हुईं। संतोषी ने कहा, "आपका ये हेल्थ डिपार्टमेण्ट का सेन्सेशन बबलू के इलैक्शन को चमका देगा।" बबलू उर्फ कुंवर उत्तमसिंह इन्दिरा कांग्रेस के उम्मीदवार थे और संतोषी उनके चुनाव-आन्दोलन का विधाता था। संतोषीप्रसाद अपने क्षेत्र का प्रसिद्ध युवा नेता था। राजनीति की आड़ में उसके धन्धे बड़ी सफलतापूर्वक चलते रहते हैं। संतोषी बोला, "मैंने शिक्षा विभाग की भी एक ज़बरदस्त पोल पकड़ी है।"

"क्या ?"

"रामेश्वर सोनथलिया ने जिस जगह अपना होटल बनवाया है न, वह पिछले गवर्नर के राज में गवर्नमेण्ट ने बाल-क्रीड़ांगन बनवाने के लिए एक्वायर की थी, आपका अनुकरण करते हुए मैंने भी सोनथलिया और डिप्टी एजूकेशन सेक्रेट्री के दो लैटर्स और गुमानसिंह एम० एल० ए० का

एक सिफारशी पत्र एक हज़ार रुपये में खरीदे हैं। उनके ब्लाक्स भी आप वाले ब्लाक्स के साथ ही तैयार करवाए हैं। कल स्थानीय म्युनिसपैलिटी की खबर और परसों शिक्षा विभाग का यह भ्रष्टाचार 'आजकल' में प्रकाशित होगा। मेरे आदमी पी० डब्लू० डी० और सिंचाई विभाग से भी कुछ इम्पोर्टेण्ट डाकूमेण्ट्स जल्दी ही लाने वाले हैं।"

चक्रपाणि आए। इस कस्बे के अनूठे रत्न हैं। जहां सुई न समाये वहां फावड़ा चलाने की कला में बड़े ही निपुण हैं। दैनिक 'आजकल' में आजकल काम करते हैं, कवि हैं, सन् '42 में जेल भी गए थे इसलिए कुछ नेतागीरी भी कर लेते हैं। 'आजकल' का प्रकाशन एक तरह से कहा जाए तो इन्हीं की प्रेरणा से आरम्भ हुआ था। हुआ यह कि अपने कस्बे के ही और अब कलकत्ते में रहने वाले एक सफल उद्योगपति को यह प्रेरणा देने में सफल हो गए कि उन्हें अपने कस्बे से भी कोई अखबार निकालना चाहिए। उद्योगपति महोदय को उद्योग के रूप में ही यह बात पसन्द आई थी। यह कस्बा प्रदेश की राजधानी से लगभग बीस किलोमीटर की दूरी पर स्थित है। एक तरह से यह कहना चाहिए कि यह कस्बा राजधानी का ही एक उपनगर है। राजमार्ग केवल आधे घण्टे के फासले पर दोनों को जोड़ देता है। यह सुविधा विचार कर उद्योगपति महोदय ने इस कस्बे में एक बहुत बड़ी ज़मीन खरीद ली। कलकत्ते के एक साधनविहीन उग्र राष्ट्रवादी का प्रेस, और मुर्शिदाबाद में बंद पड़ी हुई दो पुरानी मशीनें खरीद कर यहां फिट करवा दीं। दफ्तर बड़े सुनियोजित ढंग से चला। 'आजकल' पत्र भी लगभग उसी समय से प्रकाशित होना शुरू हुआ जबकि दूसरे महायुद्ध के बाद बड़े-बड़े कांग्रेसी नेता जेल से छूटे थे। देश में एक बार फिर राष्ट्रीय उमंगों की ताज़ा बहार आई थी। इस तरह चक्रपाणि की कल्पना से प्रसूत 'आजकल' निकला तो सही लेकिन उसके सम्पादक और सम्पादकीय विभाग में चक्रपाणि जी का कहीं स्थान न था। उनके लिए मालिक ने एक सम्मानजनक वेतनराशि और रिपोर्टर का ओहदा दे दिया था। अपने कस्बे और आसपास के गांवों में होने वाली हर तरह की खबरों के यही मालिक थे। पहले अखबार मालिक ने इन्हें साइकिल दी थी और अब तीन-चार वर्षों से स्कूटर दिला दिया है। इस छोटे-से नगर की राजनीतिक उठा-पटक में बड़ा सक्रिय भाग लिया करते हैं, इसी अखबारी शक्ति पर चक्रपाणि जी अपने यहां के बड़े-बड़े आढ़तिये, दूकानदार और सामंत वर्ग के लोगों के बड़े काम आते हैं। उनकी आयु भी अब लगभग साठ के पास पहुंच

चुकी है लेकिन हराम की खा-खाकर लाल बूंद बने हुए हैं।

जब चक्रपाणि जी आए तो गुरसरन बाबू ने झुक के उनके घुटने छुए मगर संतोषी ने अपनी कुर्सी पर बैठे-बैठे ही 'पालागी गुरुजी' कहकर अपना कर्त्तव्य निभा दिया। बैठते ही गुरसरन बाबू से बोले, "आपके ब्लाकों के प्रूफ मैं उठवा लाया हूं। यह देखिये।" अपने ब्रीफकेस से निकालकर प्रूफ उनके हाथ में दिए, फिर संतोषीप्रसाद से बोले, "आपके ब्लाक मैंने सब अपने सामने पैक करवा के ब्लाक डिपार्ट के मैनेजर की मेज़ पर रखवा दिए हैं और यह देखिए एजूकेशन मिनिस्ट्री वाले कागज़ों के प्रूफ ये हैं।" उठकर संतोषी बाबू को उनसे संबंधित प्रूफ दिए।

पिता-पुत्र दोनों सन्तुष्ट हुए। दोनों की आंखों में अपनी सफलता की धूर्त कनियां चमक उठीं। संतोषी बोला, "पापा, आप उनको अपने प्वाइण्ट्स नोट करा दीजिए। मैंने अपने केस का ड्राफ्ट बनवाकर टाइप होने के लिए दे दिया है। चक्कर गुरू, तुम उसीको अपनी भाषा में ज़रा ज़ोरदार नमक-मिर्च लगाकर इन ब्लाकों के साथ छाप देना। मैं अब जाऊंगा।"

"वाह, अभी कैसे, पहले इस ब्राह्मण को सन्तुष्ट तो करो, तब जाने पाओगे।"

"अरे गुरु, तुम्हारे लिए मैंने पहले ही से आर्डर दे रखा है। भंग की कचौड़ियां बनवाई हैं मगर पहले तुम लिख लो तब···।"

"यह सब चालबाज़ी हमसे न चलेगी। पहले जलपान करेंगे तब लिखने-लिखाने की बात सोचेंगे।"

"अच्छा भई, पण्डित देवता की पेट-पूजा ही पहले करवाए देते हैं। पापा, आप भी खाइएगा एकाध भांग की कचौड़ी।"

"नईं बाबा, मुझे तो नाम सुनकर ही नशा आ जाता है।"

चक्रपाणि बोले, "बाबू जी, ज़रा बिल्लू को अपने काबू में रखिए, किसी दिन उसके कारण आपको कोई करारा आघात भी लग सकता है। मैं पहले से ही चेतावनी दिए देता हूं।"

सुनकर गुरसरन बाबू चुप ही रहे।

संतोषी एक ठण्डी सांस भरकर बोले, "पापा बेचारे क्या करें! वह घर में रहता ही नहीं। हम लोगों से कोई खास मतलब उसका है नहीं। अपनी मर्ज़ी का मालिक है भाई, और क्या कह सकता हूं।"

"आज दोपहर में, उसने जानते हैं चुन्नीलाल से क्या कहा है। कहा है कि लाला तुम्हारे गोदाम पर आठों पहर मेरी नज़र है। तुम ज़नता को

खुलेआम नहीं बेचते हो तो हम तुम्हें उस माल को कहीं भी नहीं बेचने देंगे। रात-बिरात भी माल निकालकर ले जाना चाहोगे तो तुम्हारे आदमियों को हमारी गोलियों का सामना करना पड़ेगा। अब भला बताइए अपने पिता की उमर के पुरुष से और वह भी ऐसा धर्मप्राण व्यक्ति, गो-ब्राह्मण प्रतिपालक, तिस पर हमारे संचालक जी का सगा मौसेरा भाई। उन्होंने पुलिस में रिपोर्ट करा दी है। हमारे यहां भी छपने आई है। अब भला बतलाइए एक तरफ मैं संतोषी बाबू को अपना परम मित्र समझता हूं दूसरी तरफ आपके प्रति मेरे मन में इतना आदर-भाव है, अगर छापूं तो बुरा, न छापूं तो बुरा। मेरी तो दोनों ही टांगें उघाड़ी हो रही हैं। बताइए क्या करूं?"

गुरसरन लाल बोले, "आप छापिए, हमें कोई दुःख नहीं होगा। अधिक से अधिक आप मेरी ओर से इतना इस्टेटमेण्ट जोड़ सकते हैं कि बिल्लू से मेरा या मेरे किसी दूसरे बेटे का कोई सम्बन्ध नहीं रहा, बल्कि पिछले आठ-दस महीनों से वह घर रहता भी नहीं है। हां, कभी-कभी अपनी मां से मिलने आ जाया करता है।"

संतोषी बोला, "नहीं, पापा की तरफ से कोई वक्तव्य नहीं जाएगा।"

"क्यों?" चक्रपाणि की त्यौरियां चढ़ीं।

"क्योंकि उसकी एक्टिविटोज़ बबलू के इलैक्शन में सहायक भी हैं। मैं इस समय उसे नहीं छेड़ना चाहता।"

"मगर चुन्नी हमारे मालिक का···"

"मालिक का नमक भले अदा करो, मगर बिल्लू को बचाकर। वैसे बिल्लू मेरी या बबलू की पकड़ में भी नहीं आ रहा है पर उसका यह एक्शन हमारे पक्ष में है।"

गुरसरन बाबू चुपचाप सुनते रहे, फिर चक्रपाणि की जांघ पर थपकी देकर कहा, "पण्डित जी, आप तो जानते होंगे कि जब द्रौपदी-स्वयंवर में तीर चलाने से पहले श्रीकृष्ण भगवान का ध्यान किया तो उन्होंने अर्जुन से कहा कि हे अर्जुन, तू इस समय मेरा ध्यान भी मत कर, सिर्फ नाचती हुई मछली की आंख को ध्यान में रख। सो पण्डित जी, मैं तो सामने के काम में ही अपना ध्यान रखता हूं। यह फाइल जो मेहनत से बनाकर मैं तैयार करके रख आया हूं वह गायब न हो जाए। कल सवेरे अखबार में यह खबर छप गई तो फिर गोयल को फंसना ही पड़ेगा। अभी तो मुझे सिर्फ उसीका ध्यान

है। बिल्लू अपने कामों का जो फल पाये सो पाये, मैं भला क्या कर सकता हूं। बाकी जो अभी छुटकन्नू ने कहा है, उसे भी ध्यान में रखना।"

गुरसरन बाबू केवल अपने जीवनोद्देश्य की चिंता कर रहे थे। उन्हें और कोई चिंता नहीं थी।

तीन

चार-पांच बरस पहले अहीर के बेटे सुहागी और करमू हरिजन की बेवा बेटी की आंखें लड़ गई थीं। दोनों जवान, अरमानों-भरे दिल वाले। हरसुख और सुहागी बचपन से साथ खेले, पढ़े और सजातीय भी थे। बाद में हरसुख तो कालेज और यूनीवर्सिटी तक पहुंच गया था लेकिन सुहागी ने पहलवानी और घर की भैंसे चराने में ही एम० ए० पास किया। सुहागी ने ही अपने प्रेम-काण्ड की चर्चा हरसुख से की थी और उपाय पूछा था।

हरसुख बोला, "अमां, तो परेशानी क्या है ? दोनों जने ब्याह कर लो। दोनों ही बालिग हो।"

"बप्पा मार डालेंगे।"

"मरने से डरते हो तो छोड़ो साली को। लैला न सही शीरी सही।"

"दिल्लगी की बात नहीं हरसुख, मेरा मन बावला हो रहा है। सरसुतिया हमसे कहती थी कि कहीं भाग चलें। हमने कहा भाग तो चलें पर खाएंगे क्या। अरे, जब पिरेम करेंगे तो लौंडे बच्चे तो होएंगे ही ससुरे। क्या झूठ कहता हूं ?"

हरसुख बोला, "यार, बात तो तुम्हारी सही है लेकिन हमारी सलाह तो यही है कि तुम दोनों ब्याह कर लो। अब तो साले ऊंची-ऊंची जातों वाले भी अन्तर्जातीय ब्याह करते हैं।"

सुहागी ठण्डी सांस भरकर बोला, "करते तो हैं। हमारी बिरादरी में ही लल्लू वकील ने मुसलमानी को हिन्दू बना के ब्याह किया। कोई साला नहीं बोला, न हिन्दू न मुसलमान—क्योंकि लल्लू अब पैसे वालों की बिरादरी का हो गया है न। हम तो ससुर गरीबों की बिरादरी के हैं न। और फिर लल्लू तो रहते हैं राजधानी में। उसकी बीवी भी वकीलन है। शहर में तो सब चल जाता है मगर अभी गांवों में यह बात दूर-दूर तक

पहुंच जाएगी।"

हरसुख ऊबकर बोला, "तब भई, हम तुमको क्या सलाह दे सकते हैं या बिरादरी से डर लो या प्रेम कर लो। हां, तुम्हारा यह तर्क मेरे दिल में जम गया है कि अब भारत में सिर्फ दो ही जातियां रह गई हैं—एक अमीर एक गरीब। (कुछ सोचकर) सुनो सुहागी, आज शाम को सात-साढ़े सात बजे तुम बिल्लू के यहां आ जाओ।"

"गुरसरन बाबू के घर ?"

"नहीं यार, बिल्लू अब अपने घर में रहता कहां है। नेताजी सुभाष मार्ग जानते हो न ?"

"जानता हूं।"

"वहां तरकारी वालों की दुकानों के बाद जो चरही पड़ती है। चरही सड़क के बायें हाथ है, उसके ठीक सामने ही जो गली है···।"

"पकरिया टोले वाली ?"

"हां बेटे, तुम ठीक पहुंच गए। जहां पकरिया का पेड़ है। उसके ठीक सामने ही परभू तेली की दुकान के ऊपर बिल्लू बाबू का कमरा है। शाम को हम लोग सब वहीं जुटते हैं। कोई न कोई रास्ता निकाल ही लेंगे पट्ठे। लैला मजनूं का ब्याह हो जाएगा।"

रात को बिल्लू के यहां जुड़ने वाली मित्र मण्डली ने यह तय किया कि सरसुतिया को गाजे-बाजे के साथ सुहागी की सौभाग्यवती बनाया जाएगा। चौहान बोला, "तुम लोगों को शायद एक बात नहीं मालूम मगर यह हरसुख जानता है कि सरसुतिया की मदर ठाकुर रिपुदमन सिंह की बीलवेड है और यह लड़की भी शायद रिपुदमन सिंह की ही है।"

बिल्लू हंसकर बोला, "तब फिर क्या है यार, रिपुदमन सिंह से ही कहेंगे कि बेटा आओ तुम्हीं कन्यादान करो।"

सब लोग हंस पड़े। सुहागी बोला, "बाबू, आप जानते नहीं हैं। कटारीपुर के यह सारे हरिजन ठाकुर रिपुदमन सिंह के कब्ज़े में हैं और सुराज हो जाने के बाद भी उनकी मर्ज़ी के खिलाफ वहां के किसी पेड़ का एक पत्ता तक नहीं हिल पाता। पूछो हरसुख से।"

हरसुख बोला, "लखन पासी, कल्लू मांझी और छिद्दा अहीर के गिरोह उसीने पाल रखे हैं। रिपुदमन के दामाद आखिर मंत्री किस बूते पर बने हैं।"

बिल्लू ताव खा गया, "झाड़ू मारो साले मंत्री और इन तीनों शातिर

डाकुओं को। मैं कहता हूं कि हमारी स्टूडेण्ट कम्युनिटी अगर एकजुट हो जाए तो मैं सुहागी और सरसुतिया का ब्याह करा दूंगा।"

चौहान ने कहा, "हमारी विद्यार्थियों की संस्थाएं भी अब सब की सब किसी न किसी पोलिटिकल पार्टी की रखैलें बन गई हैं। इन बेईमानों के बल पर क्या तुम रिपुदमन के इन तीन शातिर डाकुओं से सुहागी को बचा सकते हो?"

अब्दुल सत्तार ने अपनी सिगरेट ताव में एकाएक चाय की खाली तश्तरी में दबा कर बुझा दी और बोला, "तुम इनकी शादी का इन्तज़ाम करो जी, हमारे यहां और राजधानी के दो-तीन होस्टलों में भी गुण्डों की कमी नहीं। बिल्लू अगर उन्हें ताव पर चढ़ा दे तो हम लोग लखन, कल्लू और छिद्दा तीनों सालों के गिरोहों के छक्के छुड़ा सकते हैं।"

"तुम शादी का अरेंजमेंट कराओ जी, मैं पांच-पांच रुपया चन्दा हर एक से क्लेक्ट कर लेने का वादा करता हूं। लव-मैरिज में हम साले यंग-मैन काम न आएंगे तो क्या बूढ़े-खुर्राट काम आएंगे।" चौहान बड़े ताव से बोला।

सुहागी चुपचाप बैठा सुन रहा था, अब बोला, "सादी के लिए सौ-पचास रुपये तो मैं भी खरच कर सकता हूं। सवाल तो उस बात का है जो हरसुख ने पहले कही थी। रहने के लिए घर चाहिए और पेट पालने के लिए धन्धा भी ज़रूरी है। यह जो भैया ने पांच-पांच रुपये जमा करने की बात कही, उस रकम से मुझे एक भैंस दिलवा दो तो उपकार मानूंगा। गांव छोड़कर मैं सरसुतिया के साथ इसी कस्बे में आ जाना चाहता हूं और जो यह सब न कर सकते हों तो हम दोनों जने एक साथ माहुर खाकर सो जाएंगे और भगवान के बैकुण्ठ में अपनी शादी रचाएंगे।"

"अमां, प्रेम जीने के लिए होता है या मरने के लिए। बहरहाल तुम्हारी बात मेरी अकल में आ गई। तुम्हें इस कस्बे में घर भी दिलवाया जाएगा और शादी के उपहार में ब्लैकमनी भी मिलेगा।"

"ब्लैकमनी क्यों?"

"अबे साले भैंस।"

चौहान की इस बात पर सब जने हंस पड़े। सत्तार ने कहा, "एक बात और कहूं। तुम लोग बुरा तो नहीं मानोगे?"

"कहो-कहो।"

"सुहागी के रहने के लिए मुस्लिम महल्लों के पास वाला कोई

महल्ला ही ठीक रहेगा। अगर रिपुदमन इस शादी का विरोधी हो गया तो हमारे कस्बे में भी आपके बहुत से हिन्दू इनके कस्टमर हरगिज़ नहीं बनेंगे।"

सुहागी फिर बोला, "अकेले रिपुदमन की ही बात नहीं है भैया, खुद मेरा बाप और मेरी बिरादरी ही मेरी दुश्मन बन जाएगी।"

रमेश, जो बड़ी देर से चुप बैठा हुआ बातें सुन रहा था, एकाएक सिर झटकाकर बोला, "सुहागी को वैसा घर, जैसा तुम लोग प्रपोज़ करते हो, मैं दूंगा।"

"अरे वाह रे मेरे अलादीन के चिराग। ऐसा घर कहां से लाओगे बेट्टा?"

रमेश बोला, "अभी तीन ही चार दिन हुए हैं हमारे फादर ने कैथाने में एक मकान खरीदा है। खरीदा क्या इनके पास रेहनं रखा गया था और वह पार्टी उसे बेचकर चली ही गई क्योंकि राजधानी में उसे जॉब भी मिल गई है और मोहिनीपुर कालोनी में एक मकान भी इन्स्टालमेंट्स पर खरीद लिया है।"

"मगर तेरे वालिदे-बुजुर्गवार वह मकान सुहागी को क्यों देंगे? अरे किराये पर चलाएंगे या बेचेंगे कि···"

रमेश बोला, "यार, किराया मैं दूंगा। बाद में जब इसका काम चलने लगेगा तब यह देने लगेगा। घर के हाते में थोड़ी-सी ज़मीन भी है। भैंस वहीं बांध ली जाएगी। बहरहाल हम लोग लैला-मजनूं की शादी करेंगे।"

सुहागी ने भावावेश में सबके आगे अपना मत्था टेक दिया। भरे गले से कहा, "आप लोगों का उपकार सात जनम नहीं भूलूंगा भैया, मगर यह इसकीम चलेगी नहीं। रिपुदमन का सरसुतिया की बिरादरी वालों पर बड़ा जोर है और संतरी महेसनाथ सिंह···"

"ऐसी-तैसी साले मंत्रियों की। वो पोलिटिक्स लाएगा तो हम भी लाएंगे। कट्टेबाजों की भी कमी नहीं और इस समय चुनाव में बबलू राठौर भी फाइनेंशल हेल्प कर देगा। क्योंकि रिपुदमन और महेसनाथसिंह दोनों ही से उसकी पुरानी दुश्मनी है।" बिल्लू ने कहा और सुहागी सरसुतिया के प्रेम-विवाह की पूरी योजना फटाफट बन गई।

चार

सरसुतिया घर से भाग गई। कटारीपुर के हरिजनों में कुछ हल्ला-गुल्ला ज़रूर मचा, सुहागी और सरसुतिया के बार-बार छिप-छिपकर मिलने-जुलने की बात अब छिपी न रह सकी, फैल गई। लखन डकैत सरसुतिया का मामा लगता है, उसकी मां रुकमों का सगा चचेरा भाई। सरसुतिया के भागने के चार दिन बाद लखन ने 'आजकल' में सुहागी और सरसुतिया के विवाह का चित्र देखा तो भड़क उठा। लखन को लगा कि उसकी भांजी को भगाकर अहीरों ने मानो उसकी नाक काटी है। छिद्दा अहीर की टोली से उसका कुछ खिंचाव भी था। उसने सोचा कि इसमें छिद्दा का हाथ भी कहीं न कहीं अवश्य ही है। ताव और अपने घमंड में अकेले ही चल पड़ा।

कटारीपुर में हरदोई मार्ग के किनारे सुहागी के बाप ने, दूध-मिठाई की दुकान भी खोल रखी थी और सबेरे-शाम गोशाला के बड़े आंगन में दूध बेचता था। एक दिन सबेरे ही सबेरे वह सुहागी के पिता के घर आ धमका। सुहागी का पिता शिउदयाल अपनी गाहकी के काम में फंसा था। उसने लखन की ओर तब देखा जब लखन ने उसकी गर्दन पर छुरा रखकर पूछा, "बता बे, तेरा लौंडा कहां है?"

शिउदयाल और उसके गाहक एकाएक चौंक पड़े। गर्दन पर रखे छुरे से कुछ सनसनाहट भी फैली। मगर शिउदयाल भी कुछ कम नहीं था। छुरे की चुभन के साथ ही दूध बेचते-बेचते उसकी आंखें लखन से मिलीं और जादू का-सा करिश्मा दिखाते हुए झटका लेकर जिस नपने से दूध नाप रहा था वह भरा का भरा अचानक लखन की आंखों पर फेंक दिया। लखन का क्षण भर के लिए झपकना था कि शिउदयाल के छोटे भाई ने दूध काढ़ना छोड़-कर पीछे से उसे गपची में भर लिया। गाहकों की भीड़ में से भी कुछ लोग तब वीर बनकर झपट पड़े। हों-हुल्लड़ ने महल्ले-भर को आनन-फानन ही चारों तरफ इकट्ठा कर दिया। लखन सशक्त होते हुए भी पूरे घेराव में आ

चुका था। उसके छुरे वाले हाथ पर पैर रखकर काबू पा लिया गया था। महल्ले के एक सींकिया पहलवान को जोश चढ़ा तो पगहा बांधने वाली रस्सी उठाकर ले आया कि साले के पैर बांध दो। यों महल्ले के शाहमदारों ने मरे हुए को बांधकर मारना शुरू किया। लखन पासी के हाथ-पांव बांधकर भी एक बस्ती के एक 'इण्टेलेक्चुअल' टाइप मुंशीजी ने कहा, "तखत पर लिटाकर दोनों पायों से साले को बांध दो। मारो मत वरना कानून तुम्हारे हाथ से निकल जाएगा।" इस बात पर हल्का-सा शास्त्रार्थ हुआ। बंधे हुए लखन के मुंह पर शिउदयाल के तड़ातड़ तमाचे पड़ रहे थे। और जब उसने करवट ली तो आगे-पीछे की भीड़ ने दोनों ओर से उसपर अपनी लातों के प्रहार किए।

पुलिस आ गई। डाकू लखन पासी तब तक बेहोश हो चुका था। लगभग पुलिस के साथ ही साथ 'आजकल' के नगर रिपोर्टर चक्रपाणि चौबे भी अपने स्कूटर पर कैमरा सहित आ पहुंचे। सरकारी और पत्रकारी पूछताछें हुईं। गवाहों के नाम लिखे गए। लखन बेहोश था इसलिए उसे कोतवाली तक उठाकर ले जाने के लिए किसीके यहां से दरी आई। चक्रपाणि फोटो पर फोटो ले रहे थे।

दूसरे दिन 'आजकल' में लखन पासी के पकड़े जाने और किसी गहरी चोट के कारण हवालात में उसके मर जाने की खबर उसकी तस्वीरों के साथ छपी। राजधानी के दो अखबारों में इसके साथ ही साथ एक खबर और भी छपी थी कि वित्तमंत्री महेसनाथ सिंह लखन पासी को देखने के लिए अस्पताल गए थे। और लखन पासी रोते हुए जब उनके गले में हाथ डाल रहा था तभी उसका प्राणान्त हुआ।

दूसरे दिन सबेरे नौ-साढ़े नौ बजे के लगभग संतोषीप्रसाद और बबलू राठौर गुरसरन बाबू के यहां आए। अवकाश प्राप्त गुरसरन बाबू के पास अब पढ़ने का समय चूंकि अधिक निकल आया था इसलिए दो अखबारों की एक-एक खबर चुन-चुन कर पढ़ते थे। कुंवर साहब को देखकर उनका सामन्ती मन आदर और प्रसन्नता से खिल उठा। हाथ का अखबार फेंक हड़बड़ाकर हाथ जोड़े उठते हुए अपनी अर्ध-आरामकुर्सी छोड़ते हुए खड़े हो गए। "बिराजिये बिराजिये।" अपनी कुर्सी की ओर हाथ बढ़ाया। बबलू ने साग्रह उन्हें उन्हींकी जगह बिठलाते हुए पूछा, "बिल्लू घर में है?"

गुरसरन बाबू चौंक गए। पूछा, "हां, मेरे ख्याल में कल रात आया

तो था। शायद सोया भी यहीं था। छुटकन्नू तुम अपनी अम्मा से जाकर पूछो और चाय-वाय बनवाओ झटपट।"

संतोषी उर्फ छुटकन्नू भीतर गया। बबलू गुरसरन बाबू से कह रहा था, "आप मेरे लिए कोई कष्ट न करें, बाबूजी। आप मेरे बड़े हैं। संतोषी मेरा कितना गहरा मित्र है यह भी आप जानते हैं।"

"जी-हां, जी हां। वो तो सब है कुंवर साहब, मगर मेरी इन बूढ़ी रगों में जो आप राजे-महाराजों का नमक घुला हुआ है वह आखिर कहां जाएगा। हें-हें-हें। आप समझें कि हमारे बाबा, परबाबा सभी आपकी रियासत का नमक खा चुके हैं।...ये जो महेसनाथ सिंह लखन पासी के मरने पर उसके गले लिपटकर रोये थे, वह ख़बर सच हो सकती है कुंवर साहब ?"

"इसमें झूठ क्या है बाबू जी। महेसनाथ सिंह इसीके बूते पर इलैक्शन लड़ रहे हैं। एक तरह से उनका दाहिना हाथ कट गया है। आप जानते नहीं झूठे गवाह बनाये जा रहे हैं कि बिल्लू ने सरसुतिया को गायब करवाया और उसी ने उन दोनों की सिविल मैरिज का अरेन्जमेण्ट भी किया था। बिल्लू की मार से लखन पासी के मारे जाने की झूठी गवाहियों पर पुलिस उसे गिरफ्तार करने आ सकती है। इसीलिए चेतावनी देने आया हूं।"

बाबू गुरसरन गम्भीर हो गए फिर बोले, "मुझे एक मिनट की इजाज़त दीजिए। मैं अभी अन्दर जाकर तलाश करूं कि बिल्लू है या नहीं क्योंकि मैं नहीं चाहता कि पुलिस मेरे दरवाज़े पर आए।" गुरसरन बाबू उठे ही थे कि संतोषी और बिल्लू भीतर से बैठक में आए। बिल्लू-बबलू में हाथ-जोड़न हुआ। बबलू बोले, "तुम इसी समय हमारे साथ चलो।"

"मैं कायर नहीं हूं बबलू भैया। क्या तुम यह सस्पैक्ट नहीं करते कि कटारीपुर के पासियों से सुहागी के बाप और हमारे कस्बे के अहीरों के घर तबाह करवाये जा सकते हैं? मैं..."

"तुम चलो तो सही। मैं यही सब प्लान डिस्कस करने के लिए इस समय आया हूं। महेशनाथ सिंह के साथ ख़ाली पासियों का गिरोह ही नहीं, छिद्दा अहीर का गिरोह भी है। अभी मामला बहुत टेढ़ा होने वाला है। तुम जल्दी हमारे साथ चलो।"

तीनों चलने लगे तो गुरसरन बाबू ने उठकर पहले तो कुंवर उत्तम सिंह राठौर उर्फ बबलू को सविनय झुककर हाथ जोड़े फिर संतोषी से कहा, "छुटकन्नू!"

"जी पापा।"

"भई सुनो, वो डा० गोयल वाले मामले..."

संतोषी के उत्तर देने से पहले ही बबलू बोल उठे, "बाबूजी, घबराइये मत, ज़रा इस केस को निपट जाने दीजिए। दो-एक दिनों में फिर गोयल भी गो-वेण्ट-गॉन हो जाएंगे। आप निसा-खातिर रहिए।"

"नहीं, गोयल वाले मामले को भी साथ ही साथ उठाना चाहिए।"

उनकी बात पर हां-हां का टालमटोली लगाकर वे लोग तो चले गए पर गुरसरन बाबू के मन में यह कचोट बनी ही रही कि इन लोगों के मन में केवल अपनी ही पॉलिटिक्स के प्रपंच का महत्त्व है। कैसा घोर कलजुग आ गया है सतसाईं बाबा?

कुंवर उत्तमसिंह की कोठी 'सातनेश्वर प्रासाद' में बबलू और बिल्लू में देर तक बातें होती रहीं। बिल्लू ने कहा, "देखिए बबलू भैया, अब तो मैं इस बात पर डट गया हूं कि इन दोनों की शादी बाकायदा वैदिक ढंग से भी हो और मैं धूमधाम से रचा कर रहूंगा। अन्तर्जातीय प्रेम-विवाह अब पाप नहीं हैं, सारे हिन्दू समाज में होने लगे हैं।"

"माई डियर, तुम इस समय इस प्वाइण्ट पर ज़ोर मत दो। मैं प्रॉमिस करता हूं..."

"प्रॉमिस-व्रॉमिस कुछ नहीं। मैं अच्छी तरह जानता हूं कि स्व० लखन के साथी हमारे अहीर पाड़े पर खास तौर से और कटारीपुर सुहागी के बाप के यहां भी अवश्य आक्रमण करेंगे। महेशनाथ सिंह इस मुद्दे पर चुप नहीं बैठेगा। मैंने कटारीपुर और यहां भी छात्रों की टोलियां लगा दी हैं। आज से उनका पहरा लग जाएगा।"

संतोषी बोला, "तुम समझते क्यों नहीं बबलू, हम इस समय छिद्दा अहीर के गैंग को रिपुदमन और महेसनाथ सिंह के कण्ट्रोल से निकाल भी सकते हैं।"

"भई, बिरादरी का मामला है, कहीं छिद्दा छिटक गया तब आफत हो जाएगी।"

"बबलू भैया, इस मामले को मैं अच्छी तरह समझता हूं। वड़ी मेहनत से मैंने छात्रों पर कण्ट्रोल किया है। हमारी उस शक्ति को भी मत भूलो। लखन पासी का बचा-खुचा गिरोह हमारे अहीर पाड़े पर आक्रमण करेगा, उसके पहले ही मैं यहां धूमधाम से खुलेआम दोनों की शादी करवा देना चाहता हूं।"

"पासी जब उसपर अटैक करेंगे तो···"

"छिद्दा का जातिवाद सुहागी और उसके बाप के साथ होगा, महेशनाथ सिंह के साथ नहीं। एक बार क्लैश हो जाए तो ये कोई नहीं बचा पाएंगे और इससे मेरे ख्याल से आपकी पोज़ीशन स्ट्रांग ही बनेगी। महेश नाथ फिर अपनी जमानत ज़ब्त न कराए तो मुझसे कहना।"

"देख बिल्लू, यह ज़िंदगी और मौत का मामला है। मैं छिद्दा को अपने खिलाफ नहीं जाने देना चाहता हूं। हां, सुहागी और उसकी पत्नी को सुरक्षित रूप से अण्डरग्राउण्ड कर देना मेरे और संतोषी के वश में खूब है। इलैक्शन जीत लें फिर समझ लेंगे इन सालों को।"

"छिद्दा को अपने हाथ में करने के लिए भी मेरे पास एक तगड़ा सोर्स है। हरसुख यादव मेरा साथी है। वह मूलरूप से है तो कटारीपुर का ही। उसके फादर वकील बनकर यहां आ बसे थे, मगर गांव के काण्टैक्ट्स अभी टूटे नहीं हैं। और जहां तक मुझे मालूम है कि हरसुख की छिद्दा से कुछ रिश्तेदारी भी है। मैं आज ही कल में हरसुख के साथ छिद्दा से मिल आऊंगा···"

"बिल्लू, तू बेवकूफ है। छिद्दा से काण्टैक्ट कर पाना तेरे वश की बात नहीं।" संतोषी बोला।

बिल्लू ताव खा गया। कुर्सी से उठ खड़ा हुआ और कहा, "छुटकन्नू दादा, अगर मैं असल बाप का बेटा हूं तो चौबिस घण्टे के अन्दर छिद्दा से मिल लूंगा और यही नहीं अस्सी प्रतिशत यह वादा भी करता हूं कि छिद्दा अब महेशनाथ के चुनाव को सेबोटाज करेगा। मेरी भी अपनी कुछ नीतियां हैं।"

बबलू बोला, "करके देख लो भई, लेकिन तुम यह जानते हो कि मेरे लिए यह जीवन-मरण का प्रश्न है। अगर कांग (आई) जीत गई तो मेरे मंत्री बनने के चांसेज़ हैं।"

"बबलू भैया, मैं तुम्हारे इलैक्शन के विरुद्ध कुछ नहीं करूंगा। बल्कि सच मानो, अगर सुहागी और सरसुतिया के खुलेआम विवाह-समारोह में तुम अपनी पार्टी के लोगों को भी हमारे साथ जोड़ लोगे तो फायदे में ही रहोगे। हीरो बन जाओगे, हीरो।"

"ठीक है। तुम छिद्दा से मिल लो, फिर देखूंगा। मगर यह चेतावनी दिए देता हूं कि पुलिस तुम तीन-चार लड़कों को गिरफ्तार करने के लिए···"

"अभी मुझे गिरफ्तार करने वाला पैदा नहीं हुआ। मैं बिल्लू हूं, बिल्लू और मेरा गैंग भी किसी बड़ी से बड़ी सेना की शक्ति से कम नहीं है।"

बिल्लू बबलू राठौर की कोठी से निकलकर सबसे पहले अब्दुल सत्तार के यहां पहुंचा। उससे बातें कीं। सत्तार पर पुलिस की शंका अभी नहीं जमी है। इसलिए बिल्लू तो वहीं बैठा रहा किन्तु सत्तार, हरसुख, चौहान और रमेश को बुलाने के लिए चला गया। घण्टे भर में सभी लोग जमा हो गए। बिल्लू ने बबलू राठौर से हुई अपनी बातें सबको बतलाईं और कहा, "मैं हरसुख को लेकर छिद्दा अहीर से मिलना चाहता हूं। तुम लोगों की क्या राय है?

रमेश बोला, "यार, हम छात्रों को डकैतों के साथ···"

"तो छात्र डकैतों के साथ क्या डकैती डालने जा रहे हैं? छात्र-छात्रों के अलग-अलग संगठन क्या पॉलिटिकल डकैतों के साथ नहीं हैं। और क्या यह बात सच नहीं कि इस समय रूलिंग पार्टी के खिलाफ छात्रों में भारी असंतोष है। महेशनाथ सिंह मरते हुए लखन पासी के गले में हाथ डालकर रोये थे। उस चक्रपाणि साले ने उसकी फोटो भी ज़रूर खींची होगी। मैं उसकी नेचर को भलीभांति जानता हूं। छपवा नहीं सका होगा क्योंकि 'आजकल' के स्वामी कांग (आई) विरोधी हैं। अगर उसके पास फोटोग्राफ हुआ तो मैं प्रॉमिस करता हूं कि फोटो देखते ही छिद्दा हमारे साथ हो जाएगा।"

बिल्लू की इस जोशीली भाषणनुमा बात ने सबको सहमत कर लिया। हरसुख बोला, "छिद्दा से हमारी कुछ दूर की रिश्तेदारी भी है। मैं कटारीपुर में अपने चचेरे भाई रामेश्वर को साथ लेकर छिद्दा से तुम्हें मिला देने का प्रॉमिस करता हूं। शर्त यही है कि तुम चक्रपाणि पर अपना पानी फेर दो और सफल हो जाओ।"

रमेश बोला, "और मान लो, चक्रपाणि के पास फोटोग्राफ न भी निकला तो राजधानी के दो-दो अखबारों की रिपोर्टें तो हमारे साथ होंगी।"

बिल्लू बोला, "जीता रह मेरा यार। तूने मुझे समय की बचत के लिहाज़ से अच्छी याद दिलाई है। मगर एक बात है—मान लो, हम चारों-पांचों लोग एक डेपुटेशन बनाकर छिद्दा से मिलने जाएं तो क्या उसपर प्रभाव नहीं पड़ेगा।"

"चलो, फिर साइकिलें उठाओ। हम सब कटारीपुर चलते हैं। मामला वहीं पर तय होगा।"

"नहीं, पहले चक्रपाणि से चक्र लाने की कोशिश करो। पाव-भर गुलाबजामुनें लेकर जाना उसके पास। समझे !"

इधर बबलू राठौर और संतोषीप्रसाद की राजनीति भी चुप नहीं बैठी थी। 'फ्रीडम' और 'रणभेरी' में प्रकाशित महेशनाथ सिंह और लखन पासी की मिलन भेंट के समाचारों का प्रचार कटारीपुर तथा आसपास के इलाके में लाउडस्पीकरों पर घूम-घूमकर सुनाया जा रहा था। चक्रपाणि चौबे से फोटो लेने में रमेश सफल हो गया। राजधानी से पचास सरकार-विरोधी कट्टे-छुरेबाज़ साथी भी आ गए। बिल्लू एण्ड कम्पनी तथा कटारीपुर की रक्षा के लिए आई हुई छात्रों की टोली कटारीपुर की ओर जब चलने को ही थी तब अचानक यह खबर आई कि लखन पासी के साथियों ने सुहागी के बाप शिउदयाल तथा कटारीपुर के अहीरों पर हमला कर दिया है। सुनते ही जवानों में जोश आ गया। साइकिलें हवाई जहाज़ बनकर उड़ चलीं।"

पासियों ने सुहागी के बाप शिउदयाल के हाथ-पैर बांधकर उसको जलती हुई गौशाला में फेंक दिया। यह संयोग ही था कि आग में न गिरा। दिन-दहाड़े अहीरों की बस्ती में क्या हुआ और क्या न हुआ इसका हिसाब-किताब भला मानवता का कौन-सा आदर्श करेगा ! बदमस्त और खूंख्वार डकैत जब कटारीपुर में उत्पात मचा ही रहे थे तब तक बिल्लू की टोली पहुंच गई। उनके हुल्लड़ और कट्टों की तड़तड़ ने अहीर बस्ती के आतंक-कारियों को सावधान किया लेकिन लुटेरे व्यभिचारी अब चूंकि घर-घर में बंटे हुए थे, आधी बस्ती में आग भी फैली हुई थी इसलिए छात्रों के अकस्मात आक्रमण से दो-चार लोग मारे गए, बाकी भागे। छिद्दा अहीर संयोग से उस समय पड़ोस के गांव हरखपुर में ही मौजूद था। कटारीपुर में आक्रमण की खबर मिली तो उसका यादव रक्त खौल उठा। "फूंक दो साले पासियों के घर।"

एक साथी ने कहा, "उनसे बदला लेने के लिए राजधानी से लड़के भी आए हैं।"

"ठीक है, उनको पीछा करने दो। तुम वहां के पासियों की बस्ती उजाड़ो। उस लौंडिया की अम्मा महेशनाथ सिंह की रखैल साली को तो कुतिया बनाकर छोड़ना और महेशनाथ सिंह के यहां से अगर कोई बोले

तो भी साले को भूनके रख देना।"

जब पासी डकैतों का सफाया करके लड़के जलती हुई पासी बस्ती के पास आए तो छिद्दा खड़ा ललकार रहा था। हरसुख हिम्मत करके अपने चचेरे भाइयों के साथ आगे बढ़ा, छिद्दा से कहा, "मौसा जी, पहले मेरी एक बात सुन लीजिए।"

"कौन हो तुम ?"

"रामनाथ यादव वकील का लड़का। हम लोग शहर से आप ही से मिलने आए हैं।"

"क्यों ?"

"महेशनाथ सिंह..."

महेशनाथ सिंह के नाम पर ही छिद्दा के मुख से एक भद्दी गाली निकल पड़ी। बिल्लू छूटते ही छिद्दा के चरण छूकर, हाथ जोड़कर बोला, "उसका बड़ा जवाब हम देंगे। बस हमें आपका आशीर्वाद भर चाहिए।"

"क्या करोगे ?"

"आप ये पासियों के घर जलाने की आज्ञा वापस ले लीजिए। अब बड़े-बड़ों में अन्तर्जातीय विवाह हो रहे हैं। सुहागी ने अगर कर भी लिया..."

"इन सालों ने अभी-अभी बैजुआ के घर में घुसकर हमारी औरतों की बेइज्ज़ती करनी चाही। मैं यह सह नहीं सकता। इन सबका वंश नाश कर दूंगा। महेसनाथ सिंह साला समझता क्या है। उसको मंत्री मैंने बनाया था लखन पासी ने नहीं, और साला गले मिलने गया उस कमीने से जो हमारे ही एक भाई को मारने के लिए पहुंचा था।"

"मैं इसीलिए आपसे प्रार्थना करता हूं कि हम लोग, राजधानी के और कस्बे के लगभग एक हज़ार छात्र, सुहागी और सरसुतिया की वैदिक रीति से खुलेआम शादी करना चाहते हैं। आप वहां मौके पर पहुंच दोनों को आशीर्वाद दे दीजिएगा। बस इतना ही चाहते हैं। फिर कोई कटारी-पुर या हमारे कस्बे के अहीर पाड़े पर हमला करने की हिम्मत नहीं करेगा।"

"साली नीच बिरादरी की लड़की..."

"देखिए यादव जी, अब अन्तर्जातीय ब्याह खूब हो रहे हैं। आपकी बिरादरी में पहले भी एक ब्याह हो चुका है और ज़िससे हुआ है वह आपका वकील है। है कि नहीं ?"

छिद्दा चुप हो गया। थोड़ी देर तक गंभीर खड़ा रहा। फिर पूछा,

"यह ब्याह कब करना चाहते हो?"

"आज या कल, जब आप आज्ञा दें।"

"मैं अग्या देने वाला कौन हूं। पंडतों से महूरत सुझवाओ।"

"वो सब हम कल ही सुझवा चुके। अच्छी साइत में ही तो कल उनकी सिविल मैरिज करवाई थी। आज भी अच्छी साइत है और कल भी रहेगी। जब आप आज्ञा दें।" हरसुख ने अपनी नीति भरी बातों से अपने तथाकथित मौसाजी को ठंडा कर लिया।

बड़ी-बड़ी मूंछों पर ताव देते हुए छिद्दा बोला, "करो ब्याह, मैं मौके पर ही सामने आऊंगा। बाकी पीछे ही रहूंगा। अभी पुलिस से सीधी मुठ-भेड़ लेने का समय नहीं आया है।"

"ठीक, ठीक, बिल्कुल ठीक। कल शाम रामलीला के मैदान में ब्याह की घोषणा.आज ही लाउडस्पीकरों से कर देते हैं।"

"कर दो, बजरंगबली सब भला करेंगे।" छिद्दा ने फिर मूंछों पर ताव दिया और पतलून से सिगरेट की डिबिया निकाली, सुलगाई और धुआं उड़ाता हुआ चला गया।

पांच

ऐन चुनाव की गर्मी के दिनों में लखन का मारा जाना और छिद्दा का जातिवाद भड़क उठना इस क्षेत्र के दूसरे प्रत्याशी मंत्री महेशनाथ सिंह के लिए बड़ी चिन्ता का विषय बन गया। बेटी के चले जाने और अपने सार्वजनिक अपमान के कारण अपनी प्रेमिका के अथक विलाप से रिपुदमन सिंह भी अत्यन्त क्षुब्ध हुए। तभी अखबारों में यह सूचना प्रकाशित हुई कि छात्र संघ के आयोजन में सुहागी और सरसुतिया का कन्यादान क्षेत्र के लोकप्रिय नेता और कांग्रेस (आई) के प्रत्याशी कुंवर उत्तमसिंह राठौर उर्फ बबलू बाबू करेंगे। सुहागी-सरसुतिया का विवाह चुनाव की राजनीति से जुड़ गया। वित्तमंत्री महेशनाथ सिंह स्वर्गीय लखन पासी से अस्पताल में मिलने गए थे। इस खबर ने, विशेष रूप से चक्रपाणि के खींचे चित्र के प्रचार ने शासक पार्टी की हुलिया बिगाड़ रखी थी। बबलू राठौर और वित्तमंत्री महेशनाथ सिंह के परस्पर विरोधी वक्तव्य जोरदार शब्दों में लाउडस्पीकरों से प्रसारित किए जा रहे थे।

रामलीला मैदान में पुलिस की ट्रकें आकर खड़ी हो गईं। विरोधी राजनीतिक मतों के लड़कों की टोलियां भी हॉकी-स्टिकें लेकर मैदान के आसपास घिर आईं। सारा दिन सुहागी सरसुतिया के विवाह की बातों में ही बीतता रहा। ब्याह होगा तो मारपीट होगी। काफी दंगा-फसाद मचने की सम्भावना भी व्यक्त की जाने लगी। रामलीला मैदान में दिन-भर कुरुक्षेत्र जैसे मोर्चे बंधते रहे। सब यही सोचें कि लड़के जब मण्डप की सजावट के लिए आएंगे तो कैसे युद्ध होगा।

सांझ ढल गई। मोर्चा साधे हुए विद्यार्थी राह तकते ही रह गए किंतु मैदान में विवाह पक्ष का एक चिड़ी का पूत भी न झांका। गोधूलि का समय हुआ। एकाएक शहर भर में विवाह मंत्रों के स्वर लाउडस्पीकरों से सुनाई पड़ने लगे। लड़ने के लिए आतुर विरोधी पक्ष के लड़के बौखलाए से विवाह-स्थल की खोज में जहां-तहां घूम रहे थे लेकिन कुछ ही देर में यह

पता चल गया कि सुहागी और सरसुतिया का विवाह बबलू राठौर की कोठी के भीतर हो रहा है और लगभग हज़ार-डेढ़ हज़ार छात्र और गांवों के लठैत कोठी की रक्षा कर रहे हैं।

बिल्लू ने ही लाउडस्पीकरों की योजना बनाई थी। चार लाउडस्पीकर तो बबलू राठौर की कोठी 'सातनेश्वर प्रासाद' की छत पर लम्बे बांसों में बंधे हुए सरसुतिया और सुहागी के विवाह-मंत्र प्रसारित कर रहे थे और कस्बे के कुछ घरों में अलग-अलग लाउडस्पीकर और माइक्रोफोन भी लगे हुए थे। बबलू की कोठी से विवाह-मंत्र प्रसारित हो रहे थे और विभिन्न महल्लों के कांग्रेस-समर्थक घरों से यह नारे लग रहे थे—"जो हमसे टकराएगा, चूर-चूर हो जाएगा"।

पुलिस 'सातनेश्वर प्रासाद' में घुस नहीं सकती थी क्योंकि वहां कोई असंवैधानिक कार्य नहीं हो रहा था। विरोधी पक्ष के छात्र बबलू राठौर की कोठी पर आक्रमण करने के लिए बहुत-बहुत उकसाये गए परन्तु सुरक्षा के प्रबल मोर्चे देखकर उनकी हॉकी-स्टिकें उठ न सकीं। उनके पास यही एक अस्त्र बचा था कि विभिन्न टोलियों में बंटकर कस्बे भर की गलियों में "हाय हाय" चिल्लाते हुए घूमें और उस "हाय-हाय" का जवाब देने के लिए ही बिल्लू ने अलग-अलग घरों में लाउडस्पीकरों का प्रबन्ध किया था जहां से उसके समर्थक युवक टक्कर का हाय-हायात्मक जवाब दे रहे थे।

विवाह वैदिक रीति से सम्पन्न हो गया। बबलू राठौर की कोठी से यह घोषणा की गई कि नव-दम्पति को जीविका चलाने के लिए उपहार स्वरूप दो भैंसें भी दी गई हैं।

सुहागी-सरसुतिया के विवाह की घटना ने बबलू राठौर का महत्त्व विशेष रूप से बढ़ा दिया। एक तो शहर में पहले ही से इन्दिरा कांग्रेस के पक्ष में जनमत संगठित हो रहा था। उसमें इस अन्तर्जातीय विवाह के रोमांस ने अपनी सुगन्धि और भर दी। छिद्दा अहीर के महेशनाथसिंह का साथ छोड़ देने से भी चुनाव पर गहरा असर पड़ा।

चुनाव की सरगर्मियां दिनोंदिन बढ़ रही थीं। चुनाव के चार-छह दिनों के बाद ही रमेश ने अपने पिता से कहकर सुहागी को मकान भी दिलवा दिया। सुहागी को दो जगह दूध काढ़ने का काम भी मिल गया था। घर में दूध बेंचने का धंधा सरसुतिया ही सम्भालती थी। बहुत से लोग उसे देखने के लिए ही सुहागी के गाहक बन गए थे। इससे सरसुतिया की सुंदरता की चर्चा फैल रही थी।

महीना-सवा महीना बड़े आराम से बीत गया। चुनाव प्रचार के गीतों में सुहागी-सरसुतिया के प्रेम पर भी गीत बने और गाये गए। एक गीत बड़ा लोकप्रिय हुआ…"गलबहियों में झूला मारत रे…सुहागी-सरसुतिया की।"

गल्ले और वनस्पति के सबसे बड़े व्यापारी सेठ चुन्नीलाल के इकलौते पुत्र स्वतंत्र कुमार लक्ष्मी की कृपावश अपने लिए अनेक प्रकार की सुख-सुविधाएं जोड़ देने के लिए नैतिकता के सारे बंधनों से भी स्वतंत्र थे। सरसुतिया नया माल है, कस्बे की हीरोइन है, उसपर स्वतंत्र कुमार के न्यायानुसार स्वयं उनका ही पहला हक होता है। यारों ने तरकीब सुझाई। सुहागी स्वतंत्र के यहां भी गाय दुहने के लिए नियुक्त हो गया। पन्द्रह-बीस दिनों के बाद ही एक दिन एकाएक सुहागी के घर पर पुलिस का छापा पड़ा। पता लगा कि स्वतंत्र कुमार के यहां से उनकी कीमती घड़ी, अंगूठियां तथा सोने की चेन, जो उनके कमरे में रखी थीं, चोरी चली गई थीं और इस समय छापे में सुहागी के घर की एक कोठरी में मिल गईं। सुहागी चोर साबित हुआ और पकड़ा गया।

सरसुतिया बावली-सी गुहार मचाती रही पर कौन सुनता। वह बिल्लू के घर दौड़ी गई। उस दिन वह राजधानी में था। हरसुख के घर भी गई किन्तु उसके वकील यादव पिता ने अपनी जाति के एक युवक को भ्रष्ट करनेवाली युवती को बड़ी घृणा से भद्दे शब्द कहकर अपने नौकर के द्वारा घर से बाहर निकलवा दिया। जब दोनों सहारे न मिले तो बबलू राठौर की कोठी पर पहुंची। परन्तु वहां तो प्रशंसकों की भीड़ जुड़ी हुई थी। चुनाव के नतीजे आ रहे थे। रेडियो की घोषणाओं के अनुसार बबलू राठौर, महेशनाथ सिंह से बाईस हज़ार वोटों से अधिक की जीत में जा रहे थे। प्रशंसकों की भीड़ में बेचारी सरसुतिया की गुहार भला कौन सुनता?

थोड़ी देर में बबलू तीस हज़ार मतों से आगे हो गए। महेशनाथ सिंह की जमानत तो ज़ब्त होने से बच गई लेकिन वे बुरी तरह से हारे। सारे कस्बे में बबलू के समर्थकों के जुलूस निकल रहे थे। पिटी हुई पार्टी के समर्थकों के दरवाज़े बन्द थे। बिल्लू राजधानी से लौट आया था किन्तु वह भी जोश में बबलू के यहां बधाइयां देने और मिठाइयों से अपना मुंह मीठा करने के लिए ही सीधा चला गया।

दैनिक 'आजकल' में कांग्रेस की जीत की खबरों के साथ ही साथ दूसरे

पृष्ठ पर नगरपालिका के स्वास्थ्य विभाग के निदेशक डॉक्टर गोयल की गैर-कानूनी कार्यवाहियों के और भी बहुत से प्रमाण प्रकाशित हुए थे। 'आज़-कल' के नगरदूत चक्रपाणि चौबे को गुरसरन बाबू ने मिठाइयों के बक्से में एक सौ एक रुपयों की गुप्त दक्षिणा भी अर्पित की थी, फिर भला उनके परम शत्रु की कलंक कथा को वरीयता क्यों न मिलती! बेचारे सुहागी के पकड़े जाने का समाचार उसके महल्ले के ही कुछ लोगों तक सीमित रहा। कस्बे में भी खबर न फैल सकी।

उसी दिन तीसरे पहर संयोगवश हरसुख को अपने नौकर से मालूम हुआ कि सुहागी की औरतिया रोती हुई घर आई थीं किन्तु हरसुख के पप्पा ने उसे घर से बाहर निकलवा दिया था। हरसुख पहला व्यक्ति था जो सर-सुतिया से मिलने गया। सुहागी के घर के आगे वाले मैदान में छप्पर के नीचे उसकी भैंसे बंधा करती थीं। हरसुख को वह छप्पर भी सूना मिला। एक महल्ले वाले से उसे सुहागी के चोरी के अपराध में गिरफ्तार होने की सूचना मिली। उसने सरसुतिया के घर की कुन्डी खटखटाई। हरसुख को देखते ही सरसुतिया उसके पैरों पर सिर रखकर फूट-फूट कर रो पड़ी। बहुत समझाने के बाद हरसुख को पूरी बात का पता लगा। सरसुतिया की तरह उसे भी सुहागी के चोर होने की बात पर विश्वास नहीं हुआ। यह कोई चाल चली गई है। उत्तेजित हरसुख बोला, "तुम घबराओ मत भौजी, मैं वचन देता हूं कि स्वतंत्र कुमार से अवश्य बदला ले लूंगा। मैं अभी ही जाकर अपने मित्रों को यह सूचना देता हूं। तुम घर के दरवाज़े बन्द करके ही बैठना। आज शाम या कल सबेरे तक हम सुहागी को जमानत देकर अवश्य छुड़ा लाएंगे।"

छह

दैनिक 'आजकल' आज सबेरे कस्बे के लिए चौकोना चुंबक लिए आया था। उस समय बबलू राठौर वर्तमान जनताई मंत्री महेशनाथ सिंह से सात हज़ार वोटों से आगे थे। बधाई देनेवालों की भीड़ 'सातनेश्वर प्रासाद' में धंसी पड़ रही थी। बबलू ने वोटों की गिनती के समय राजधानी के बजाय अपने कस्बे में ही रहना उचित माना था। संतोषीप्रसाद उनके प्रतिनिधि बनकर राजधानी में वोटों की गिनती करा रहे थे।

सुहागी चोरी के झूठे आरोप में गिरफ्तार हो गया, बेचारी सरसुतिया अपनी घबराहट में इधर-उधर फांके मारती डोलती रही। शाम को हरसुख से मिलने के पहले उसके जीवन में निपट अंधेरा छाया हुआ था।

गुरसरन बाबू के लिए 'आजकल' सुनहरा प्रभात लेकर आया था और सुनन्दा घूरेलाल के लिए आज सबेरे की धूप कंटीली झाड़ियों के जंगल की तरह फैली थी।

'आजकल' हाथ में लिए हुए गुरसरन बाबू विश्वविजयी सिकंदर की तरह सबेरे सट्टी बाज़ार से डाक्टर कुलदीप कुलश्रेष्ठ के यहां जा रहे थे। एक हॉकर ने गुरसरन बाबू को देखकर ज़ोर से आवाज़ उछाली : "हेल्थ अफसर की नर्स रखैल के काले कारनामे पढ़िये।" गुरसरन बाबू का सांवला चेहरा भोर के उजाले-सा चमक उठा। रास्ता चलते जाने-पहचाने लोग रामगुहार करके यही पूछते, "बाबूजी, यह सुनन्दा और गोयल की खबर क्या सच है?" तो बाबू गुरसरन मुस्करा पड़ते। सट्टी बाज़ार में घुसते ही जब एक ने यही प्रश्न किया तो बाबूजी ने एक दुकान पर खड़े तरकारियां छांटते हुए भगत जी० लाल की ओर हाथ उठाकर कहा, "वो सुनन्दा मेट्रन के ब्याहता हसबैण्ड खड़े हैं। उनसे पूछिए।"

पूछने वाले साहब मिज़ाज के मसखरे थे। आगे बढ़कर भगत जी के पास गए।

"मैंने कहा जैराम जी की भगत जी?"

"जै सदगुर साहब की। कहिए कैसे याद किया ?"

"आज का 'आजकल' पढ़ा ?"

"बबलू राठौर जीत रहे होंगे, और क्या खास बात होगी !"

"नहीं साहब, चुनाव के नतीजों से अधिक एक महत्त्वपूर्ण खबर है। आज तो आप भी बबलू राठौर की तरह ही अखबार में हीरो बनाए गए हैं ?"

"कौन, मैं ?"

"जी हां, आप ही भगत जी० लाल साहब हैं न ?"

"तो ?"

"डॉक्टर गोयल और श्रीमती सुनन्दा जी० लाल की कहानी छपी है। मेरे ख्याल में सुनन्दा तो आप ही की श्रीमती जी का नाम···"

"होगा। मुझे मालूम नहीं ?" तरकारी की दुकान से झोला उठाकर भगत जी सनसनाते हुए उठे। तरकारियां खरीदना भूल, पैंतीस पैसे का 'आजकल' बगल में दबाया और एक सन्नाटे की जगह में बैठकर पूरा कांड पढ़ा। मकान खरीदने के लिए सुनन्दा को बारह हज़ार रुपया देकर नगर-पालिका से लाखों का लाभ करा देने का जो प्रलोभन गोयल ने कंपिला कम्पनी वालों को संकेतों भरा पत्र लिखा था, उसकी व्याख्या चक्रपाणि चौबे ने खूब ही नमक-मिर्च लगाकर छापी थी। सुनन्दा के ऊपर कोई सीधा आक्षेप न करते हुए भी उसे महुए की शराब की तरह पेश किया था जिसे दाम देकर कोई भी खरीद सकता है। भगत घूरेलाल तो गोयल साहब के ज़रखरीद गुलाम से भी बदतर चित्रित किए थे। उनके दफ्तर में होने वाले अपमानों का प्रामाणिक चिट्ठा और घूरे भगत की नपुंसक भगताई का तो ऐसा रोचक वर्णन किया गया था कि गोयल कांड के इस महान उद्घाटन में भगत घूरेलाल को अपना रोल बिल्कुल विदूषक जैसा नज़र आता था।

कबीर साहब की सारी साखियां भगत जी के क्रोध-चक्र में बड़ी तेजी से चकरघिन्नियां खाने लगीं पर मन का उबाल दबाए न दबा। सुनन्दा के प्रति भयंकर क्रोध के बगूले उठ-उठकर भी उसके भय की तंग कालकोठरी में कैद में पड़कर घुट-घुट जाते थे। फिर भी सुनन्दा की मनपसंद तरकारियां खरीदना न भूले।

तरकारियों का झोला और दैनिक 'आजकल' लिए हुए भगत घूरेलाल बड़े ताव से 'सुनन्दा निवास' में घुसे। बेटी लता स्कूल जाने वाली थी। उसके जूतों पर पालिश नहीं हुई थी। इसलिए तथाकथित पिता के घर में

घुसते ही उसने उनकी आबरू धुलाई शुरू कर दी। भगत जी बोले, "तुम्हारे जूते भी चमकाता हूं राजकुमारी जी, पहले तुम्हारी मम्मी को उनकी महिमाएं तो पढ़ने के लिए दे दूं। लीजिए देवी जी, अपने खसम नं० दो के साथ-साथ अपनी महिमा का दूसरा अध्याय भी पढ़िये अखबार में।"

मेट्रन सुनन्दा के लिए अखबार का पन्ना खोलकर भगत जी ने रख दिया फिर लता के जूतों पर पालिश करने के लिए डिबिया-बुरुश आदि लेकर बैठ गए और कबीर की साखी सुनाने लगे :

बाप पूत की एकै नारी औ एकै माय बियाय।
ऐसा पूत, सपूत न देख्यो जो बापै चीन्है धाय ।।

कबीरदास जी तिरकाल के गुरु थे। बरम्हा, बिस्नू, महेस के गुरु, उनसे बड़ा है कौन? कोई नहीं। बाप को धाय के चीन्हे भी तो कैसे। पापा नहीं कहती, अंकल कहती है ससुरी। मां-बाप की लड़ाइयों में भी कई बार यह सुन चुकी थी कि उसका असली पापा ठाकुर एक नामी नेता है। घूरेलाल के लिए उनके और सुनन्दा के सामने ही वह कह दिया करती है कि "यू आर नॉट माई पापा। यू आर माई मम्मीज़ सर्वेंट ओनली।"

जूते चमक उठे। बीवी की बेटी को पहना भी दिए। फिर हाथ धोकर टिफिन बॉक्स में चिकन सैंडविचेज़ सजा कर रख दिए। लता ठीक आठ बजकर पच्चीस मिनट पर घर से सड़क के लिए निकल जाती है। बस्ता लेकर भगत ही जाते हैं। जाते समय पत्नी की अखबारी तल्लीनता को मुस्करा के देखा, सोचा, अब अपने चरनों पर झुका के ही रहूंगा साली को। अब सरकार बदली है तो गोयलवा साला भी निकाला जाएगा और ये भी निकाली जाएगी। अच्छा है, तभी मेरे काबू में आएगी यह कलमुंही।

लता के जूते चमकाए। फिर उसका बस्ता उठाकर स्कूल की बस तक पहुंचा आए। जब लौटे तो देखा कि उनकी अखंड सौभाग्यवती मानो सौ जूते खाके बैठी हैं। 'आजकल' उनके चरणों के पास पड़ा है। सुनन्दा ने पति को देखा, कुछ न बोली। भगत जी ने पास ही रखे झोले में से सब्जियां निकालकर डलिया में रखीं। कपड़े उतारे, अंगोछा पहना, फिर चूना-तम्बाकू मलते हुए बोले, "यह सब कारस्तानी उस गुरसरनवे साले की है। साले ने इलक्शन के मौके पर ही उस उल्लू के पट्ठे के साथ-साथ हमारा-तुम्हारा मुंह भी काला कर दिया। गुरु महाराज सच कह गए हैं :

हिरदा भीतरि आरसी, मुख देखा नहिं जाय।
मुख तौ तबही देखिये, जब मन की दुविधा जाय ।।

तमाखू मल गई। दो-तीन बार फट्-फट् किया। फिर उसे होंठ के नीचे दबा कर बैठ गए और पत्नी के उत्तर की प्रतीक्षा करते रहे। मन ही मन जानते थे कि सदा रुआब दिखलाने वाली सुनन्दा इस समय उनसे भलमनसाहत से बात करेगी। परन्तु सुनन्दा एक शब्द न बोली। हारकर खुद ही पूछा, "अब सरकार चूंकि दूसरी पारटी के हाथ में आएगी इसलिए तुमसे एक्सपिलेनेशन तो जरूर मांगा जायगा? क्या जवाब दोगी, बोलो?"

कुर्सी से उठते हुए झिड़ककर सुनन्दा बोली, "मैं तो साफ कह दूंगी कि जो मरद अपनी इस्त्री की कमाई खाता है उसीसे पूछिए।"

भगत जी तड़पे। सदा कान दबाकर सुनने वाले के लिए आज बोलने की बारी आई थी सो बोल पड़े, "तुम समझती हो, मैं फंसूंगा? अरे मैं साधु-संन्यासी आदमी, पंजे झाड़कर खड़ा हो जाऊंगा कि इसके लड़कों की सूरतें मिलवा लो। हराम की औलादें हैं ससुरी, मैं साला हाईस्कूल फेल, तीस रुपल्ली का नौकर, ये शानदार हवेली खरीदने की हिम्मत रखता हूं भला? मैं तो भरे चौराहे पर डंका पीटकर कह दूंगा कि जबरदस्ती बनाई गई मेरी नकली धर्मपतनी रण्डी है साली। कबिरा सुख को जाय था, आगे मिलिया दुख। तीस रुपल्ली का नौकर, चैरमैन और हिल्थ अफीसर सालों के सामने मेरी मजाल है कि कुछ बोल सकूं। रण्डी का खसम, जो बोलूं तो भसम। मैं भी सीधा इसटेटमिंट दे दूंगा कि ब्याह मुझसे जबरदस्ती कराया गया था और इस औरत से मेरा पतनी का नाता कभी नहीं रहा।"

भगत जी कस्बे की नगरपालिका के भूतपूर्व चेयरमैन ज़मींदार ठाकुर नत्थूसिंह के बड़े भाई ठाकुर बच्चूसिंह की अवैध संतान थे। उनकी दो-दो ठकुराइनें बांझ रहीं और घूरेलाल एक तथाकथित नीच जाति की स्त्री से उत्पन्न हुआ। घूरे भगत से पहले भी रखैल के दो बच्चे हुए थे पर वे मर गए। इसीलिए पैदा होते ही भगत जी को घूरे पर डालने का टोट्का किया गया। यही नाम भी रखा गया। बच्चूसिंह अपने इस अवैध पुत्र को बहुत चाहते थे। चूंकि भगत जी की मां बचपन में ही मर गई थीं इसीलिए और भी चाहते थे। इन्हें पढ़ाने की भी कोशिश की लेकिन जल्दी ही मर गए और ठाकुर नत्थूसिंह अपने निःसंतान बड़े भाई की पूरी जायदाद के स्वामी बन गए। उनके अवैध भतीजे घूरेलाल उनके सेवक बने। इसी दौर में अपनी शहर की जायदाद की एक किरायेदार तमोलिन की बेटी सुनन्दा से ठाकुर नत्थूसिंह को इश्क हो गया। वह तमोलिन भी वस्तुतः जाति की तमोलिन न

थी, कुछ ऐसी-वैसी ही थी। सुनन्दा जब नत्थूसिंह से गर्भवती हुई तो उन्होंने अपने अवैध भतीजे घूरेलाल से उसकी शादी रचा कर उसे अपने ही पास रखा। नत्थूसिंह जब नगरपालिका के चेयरमैन हुए तो हाईस्कूल फेल घूरेलाल जनम-मरन क्लर्क बना दिए गए। शादी के पांच महीने बाद और अपनी नई नौकरी के पहले महीने में ही घूरेलाल को सुनन्दा की पहली बेटी का जन्म रजिस्टर में दर्ज करते समय बेटी के बाप की जगह अपना नाम दर्ज करना पड़ा। लड़की के पैदा होने के पांच-छः महीने के बाद ही नत्थूसिंह ने हेल्थ आफिसर डॉ० गोयल की सलाह से सुनन्दा को नर्स की ट्रेनिंग दिलवाई और उसके बाद ही वह सिविल अस्पताल में ही नर्स की हैसियत से नौकर भी हो गई। धीरे-धीरे नत्थूसिह की अवैध पुत्री की मां और भगत घूरेलाल की वैध पत्नी डॉक्टर गोयल की आंखों की पुतली भी बनने लगी।

ढाई बरस बाद नत्थूसिंह की चेयरमैनी समाप्त हुई। नगरपालिका को सरकार ने अपने कब्ज़े में लेकर एक प्रशासक बैठा दिया। गोयल ने सुनन्दा और घूरेलाल के लिए एक अलग घर का प्रबन्ध कर दिया। नत्थूसिंह अपने दोनों सेवकों से वंचित हो गए। सुनन्दा बीस रोगियों के सिविल अस्पताल की नई मेट्रन बनी। बुढ़िया मेट्रन रिटायर कर दी गई। अस्पताल में तीन कमरे प्राइवेट थे जिनमें गोयल अपने गैरसरकारी, सरकारी दोस्तों को सुनन्दा की मार्फत ऐश कराते थे। सुनन्दा गोयल की इतनी अधिक विश्वस्त हो गई थी कि उनके लिए रुपयों का लेन-देन इत्यादि भी वही किया करती थी। चूंकि गुरसरन और गोयल की आपस में चल गई थी इसलिए इस्टेबिलिशमेण्ट क्लर्क बाबू नौबतराय की मार्फत ही ऐसे तमाम काम होते थे। सुनन्दा नौबतराय से डॉक्टर साहब का हिस्सा वसूलती थी।

सुनन्दा के नाम नौबतराय की जिस पर्ची का ब्लाक गुरसरन बाबू ने 'आजकल' में छपवाया था वह इस प्रकार थी : "मुगल स्टेशनरी वालों ने डॉक्टर साहब के लिए कुछ तोहफे भेजे हैं। अपना कोई भरोसे का आदमी भेजिए, या खुद शाम को छः बजे आकर मेरे घर से ले जाइए। प्रेज़ेण्ट्स कीमती हैं।—नौबतराय"

भगत जी बड़े ताव में थे। नौबतराय को अपनी पत्नी का चौथा खसम बना दिया। घूरे भगत के ऐसे चढ़े तेवर सुनन्दा ने पहली बार ही देखे थे। सुनन्दा को पहली बार ही यह अनुभव हुआ कि वह भगत घूरेलाल की विवाहिता पत्नी है और उसके उल्टे-सीधे वक्तव्यों से वह कहीं की भी नहीं रहेगी। यह सोचकर उसने नारी मंत्र साधा और पति के गले में हाथ डाल-

कर उसका मुंह अपनी ओर घुमाकर प्यार से कहा, "दुर्भाग्य से रहीसों की तावेदारी में रहकर भी जब मौका मिला तब मैंने तुम्हें प्यार किया। मेरी छाती पे हाथ रख के कसम खाओ मैं तुम्हारी नहीं रही।"

नारी शरीर का स्पर्श सुखद था परन्तु भगत घूरेलाल इस समय उस नारी से पूर्णरूपेण विमुख थे जिससे ज़बर्दस्ती उसका विवाह कराया गया था और जिसने अपने यारों के साथ बेशरमी से बैठकर उसपर हुक्म चलाए थे, जिसने अपने बच्चों के मन में उसके लिए नौकर जैसा अनादर का हीन भाव भरा था और जो सब तरह से निर्दोष होते हुए भी वह आज अपनी कुलटा पत्नी के कारण कितना बदनाम हो रहा है। यह विचार आते ही उसने सुनन्दा का हाथ झटक दिया और दूर सरककर बैठ गया। सुनन्दा भी हतप्रभ हो खिसियानी मुद्रा में बैठ गई। एकाएक साइलेंसर चढ़ी हुई पिस्तौल-सी दगी, कहा, "मेरे पास भी तुम्हारा एक कागज़ रखा है?"

"कैसा कागज़?"

"जो तुमने गुस्से में लिखकर उस बखत भिजवाया था जब मैं अस्पताल में डाक्टर साहब के पास थी।"

"मुझे याद नहीं पड़ता क्या लिखा था?"

"तुमने लिखा था कि मुझे तुम्हारे और डॉक्टर साहब के रिश्ते से कोई आपत्ति नहीं है। मुझे उनसे क्षमादान दिलवा दो।"

घूरेलाल का चेहरा उतर गया। देखकर सुनन्दा और तेज़ पड़ी, बोली "मैं भी यह स्टेटमेण्ट दे सकती हूं कि अपने स्वारथ के लिए तुमने मुझे वेश्या बनने पर मजबूर किया।"

भगत घूरेलाल उदास हो गए। दो बार ठंडी सांसें छोड़ीं फिर आप ही आप कह उठे, "घायल घूमैं गह भरा, राखी रहै न ओट। जतन किया जीवै नहीं, लगी मरम की चोट। तुम मलकिन हौ जौ चाहै कर सकती हौ।...मगर हमको सबसे बड़ी चिन्ता यही लगी है कि मेरी इज़्ज़त-आबरू तो साली उसी दिन खतम हुय गई जिस दिन नत्थू ने तुम्हें मेरी खोपड़ी पर बिठलाय दिया। अब चौराहे पर बैठा के गिन-गिनकर जूते मारौ भाई, मगर फिर भी बेशरम होके कहता हूं कि जिस काले नाग ने हमें काटा है वही अपना जहर चूस भी सकता है। गुरसरन के सिवाय हमारे बचाव का कोई रास्ता अब नहीं है।"

"गुरसरन क्या करेंगे। वह तो हमारी सुख-शान्ति में आग लगाय के अलग खड़े हो गए हैं।"

"अरे महारानी जी, यह न भूलो कि इलक्सन की पालिसी चल रही है। गुरसरनवे के दोनों लड़के बबलू राठौर के साथ हैं। यह सारा हंगामा उसे इलक्सन में जिताने के लिए ही किया गया। या तो संतोषी काम आएंगे या फिर बबलू से आंखें लड़ाओ। तभी इज़्ज़त बच सकती है।"

सुनन्दा तड़पकर बोली, "बड़े अच्छे भगत हो तुम, वाह-वाह। गाली देते बखत हमें रण्डी बनाओ और सलाह देते बखत भी कहोगे कि…छिः मुझे तुमसे घृणा है। चले जाओ, हट जाओ मेरी आंखों के सामने से।"

भगत घूरेलाल भी गर्मा गए, बोले, "ठीक है, तुम्हारी आंखों के सामने से ही नहीं, दुनिया से ही हटा जाता हूं। पुलिस में चिट्ठी लिख जाऊंगा कि मैं आतम हत्या कर रहा हूं।"

सुनन्दा हंसी, बोली, "वह तो तुम पहले ही कर चुके हो और तुम्हारे मर जाने के बाद भी मुझे विधवा ब्याह करने से कोई रोक नहीं सकता।"

सुनन्दा के गोद के लड़के मंजुल को लेकर उसी समय आया ने प्रवेश किया। सुनन्दा बोली, "छिम्मो, भैया उठे तो दूध पिला देना, अपने लिए खिचड़ी-विचड़ी कुछ डाल लो।"

"और आप? बाबूजी?"

"मेरी चिन्ता छोड़ो, और ये खाएं चाहे न खाएं, भूखे रहें या मर जाएं इनकी मुझे तनिक भी चिन्ता नहीं है।" कहकर सुनन्दा अपने कमरे में साड़ी बदलने के लिए चली गई।

सात

सुनन्दा सीधे बबलू राठौर की कोठी पर पहुंची। बाहर के बरामदे में बड़े तखत पर तीन-चार व्यक्ति बैठे हुए थे। उनमें से एक व्यक्ति सुनन्दा देवी को पहचानता था, हाथ जोड़े और पूछा, "आप अच्छी तो हैं देवी जी?"

"मुझे कुंवर साहब से मिलना है।"

"कुं-व-र···साहब!" दिमाग में जैसे कुछ हिसाब-सा फैलाते हुए वह व्यक्ति उठकर भीतर गया। फिर पांच मिनट बाद लौटकर आया और बोला, "आइए।"

सुनन्दा उस व्यक्ति के साथ कोठी के अन्दर ड्राइंग रूम में पहुंची। बड़े ताल्लुकेदार की कोठी उसकी मध्यमवर्गीय सजावट की कल्पना के अनुसार सें भी सजी-बजी न लगी। एक बड़ी आरामकुर्सी, दो हाफ ईज़ी चेयरें, एक बड़ा तखत जिसपर मैली-सी चांदनी और मैला धब्बेदार गोल तकिया रखा था। इसके अलावा तीन-चार मामूली-सी कुर्सियां और भी इधर-उधर पड़ी थीं। बीच में एक बड़ी-सी गोल मेज़ निर्धन विधवा की तरह अकेली नज़र आ रही थी। एक आरामकुर्सी पर कोई बैठा था लेकिन उसका चेहरा खुले हुए अखबार से ढका था। सुनन्दा कमरे में आई, बैठे हुए आदमी के चेहरे का अखबार हटा। सुनन्दा पहचान गई। शहर में नये रईस संतोषीप्रसाद को कौन नहीं जानता। उजला खादी का कुर्ता, पाजामा, अंगूठियों से लदी दोनों हाथ की अंगुलियां। सुनन्दा ने बड़ी ही गिड़गिड़ाई हुई मुखमुद्रा के साथ उन्हें प्रणाम किया।

जवाब में संतोषी का अखबार थोड़ा उठ गया। मानो संतोषी के हाथों के बजाय अखबार ही उसे नमस्कार करने के लिए उठा हो। फिर कमरे में सन्नाटा छा गया। सिर्फ एक आध बार अखबार के पन्ने पलटने की खरखराहट हुई।

सुनन्दा के भीतर प्रश्नों और कल्पनाओं का एक ऐसा बवंडर नाच

रहा था जो मन को न सोचने देता है और न निश्चिन्त ही रहने देता है। फिर भी अनिश्चय ने निश्चय की एक गति ले ली। उठी, संतोषी की कुर्सी के पास तक गई। उसे आया देखकर संतोषी के सांवले किन्तु सुहावने चेहरे के सामने से अखबार हटा। मुस्कराकर बोला, "बबलू बाबू के लिए अभी आपको पन्द्रह-बीस मिनट इन्तज़ार करना पड़ेगा, शायद इससे भी ज़्यादा समय लग जाए।" कहकर सीधे सुनन्दा से आंखें मिला दीं। वह पैनापन अचम्भे से भरा था, सूजे की तरह कलेजे के आर-पार निकल-निकल गया। संतोषी ने पूछा, "आज की घटना से आप बबलू के पास क्यों आईं?"

सुनन्दा अदा से मुस्कराई, कहा, "नौकरी से तो अब सस्पेण्ड होना ही है। मैं कुंवर साहब को दो-एक ऐसी बातें बतलाने आई हूं—यानी मेरा स्वारथ साफ है, मैं तो नौकरी से अब जाऊंगी ही लेकिन डॉक्टर गोयल की नौकरी—और नौकरी ही नहीं इस शहर में इनकी प्रेक्टिस भी ठप कर दूंगी।"

संतोषी ने सिगरेटकेस और लाइटर निकाला, एक सिगरेट सुलगाई, दो-तीन गहरे कश लिए, फिर पूछा, "जिस प्रेमी ने आपको तीस-चालीस हज़ार रुपये कमाने के मौके दिए, जो आपके एकाध बच्चे का बाप भी है, उसके पास क्यों नहीं गईं? उनसे बदला क्यों ले रही हैं?"

"उससे क्यों बदला ले रही हूं? तीन बरस पहले जब मेरा इनका अफेयर शुरू हुआ था तब एक सादे कागज़ पर दस्तखत करवाए थे। मैंने पूछा क्यों? वे बोले, 'वक्त-ज़रूरत घूरेलाल से तुम्हारे तलाक की अर्ज़ी लिखवाने के लिए।' तलाक की नौबत ही न आई। मेरे पति ने मरे हुए चूहे की आत्मा पाई है। वे उस कागज़ पर कंपिला कम्पनी वालों से मिलकर मेरे नाम से कोई फोर्जरी भी कर सकते हैं। अपने को बचाने के लिए वे कुछ भी कर सकते हैं। मैं जानती हूं इसलिए उनके पास नहीं गई।" सुनन्दा एक सांस में अंगारे से शब्द उगलने लगी।

"तो बबलू इसमें क्या कर सकते हैं?"

"सुना है कि महेशनाथ सिंह की जगह अब वे ही मंत्री बनेंगे। डॉक्टर गोयल ने एक मिनिस्टर की भतीजी के दो बार हमल गिराए थे। अपने यहां महीनों रखा। मेरे पास उन दिनों के फोटो हैं। एक दूसरे मंत्री जी की विधवा भावज के गर्भाशय का आपरेशन कराया उसके दो फोटोग्राफ्स मैंने खुद खींचे थे।"

"क्यों ?"

"डॉक्टर साहब ने कहा था। फोटो इस ढंग से खींचे हैं कि उसमें डॉक्टर साहब का हाथ भर दिखाई दे। मगर भावज साहब साफ नज़र आएं।"

"वह फोटो तो अब डॉक्टर गोयल के पास होंगे।"

सीधा उत्तर आया : "लेकिन निगेटिव मेरे पास हैं।" फिर कुछ इतराकर अंदाज़े माशूक़ाना से गर्दन लचकाकर कहा, "बड़े लोगों की गुड़िया बन-बनकर मैंने भी अनुभव से कुछ-कुछ बुद्धि पाई है। आप जैसे महान पुरुध से भला मैं कुछ छुपा सकती हूं !" नज़रें लाज और अदब से नीची हो गईं।

संतोषी को लगा यह औरत चालाक है। काम की है। मुस्कराए, उठे, पास आए, दोनों हाथ उसके कंधों पर रखे : "यू आर ए रियल डार्लिंग, सुनन्दा। मेरे साथ काम करने को राज़ी हो ?"

"किस प्रकार ?"

"यू विल बी माई एडीशनल प्राइवेट सेक्रेटरी। सैलरी टू थाउज़ेंड रुपीज़ पर मंथ। एग्री ?"

सुनन्दा खड़ी हो गई। दोनों पास-पास खड़े हो गए। इस बार आंखों में आंखें डालकर बात करने की बारी सुनन्दा की थी। नारी की सहज सम्मोहक दृष्टि पुरुष की दृष्टि को बांधकर सवाल पूछ बैठी, "क्या आप सीरियस हैं ?"

"आफ कोर्स।"

"मेरा काम क्या होगा ?"

"फिलहाल इस विचार से तुम्हें इंगेज़ कर रहा हूं कि मेरी वाइफ बनकर हांगकांग चलोगी।"

"मैं राज़ी हूं। आप जो कहिएंगा करूंगी। कहीं फंस न जाऊं ?"

"एक बार फंस चुकने के बाद अब तुम फंस नहीं सकतीं—मेरे साथ भी शायद—नहीं। इसीलिए तो इंगेज़ कर रहा हूं।···तुम जानती हो वह फोटोग्राफ्स मेरे फादर ने छपाये हैं।"

"हां, मेरा सो-काल्ड हसबैण्ड भी यही कह रहा था।"

"तुम्हारे नये फोटोग्राफ्स कीमती हैं। बबलू से उनका ज़िक्र करने की ज़रूरत नहीं। समझीं ! अगर बबलू पूछे भी तो कहना मेरी इडीशनल पी०ए० बनकर मेरे साथ ही आई हो।"

"और मेरा वह कागज़ जिसके डर से मैं···,"

"उसकी चिंता तुम मत करो। गोयल अब कुछ दिनों के बाद तुम्हारे तलवे चाटने के लिए आएगा। तब वह कागज़ तुम ले सकती हो।"

सुनन्दा की आंखों में आंसू छलछला उठे। संतोषी के चरणों पर अपना सिर टेककर बोली, "आप देवता हैं।"

आठ

हरसुख ने बिल्लू से सरसुतिया की सारी बातें कहीं। बिल्लू का चेहरा तमतमा उठा। सत्तार, चौहान और रमेश भी बैठे हुए थे। हरसुख की बातें सुनकर अब्दुल सत्तार बोला, "यार, हो न हो यह सारी कारस्तानी चुन्नी के, लौंडे की है। लेकिन सुहागी को गिरफ्तार करवाने में आखिर उसका क्या इण्टरेस्ट हो सकता है?"

"इण्टरेस्ट ?" बिल्लू तड़पकर बोला, "वह साला शर्तिया सरसुतिया पर बदनज़र रखता होगा। हमें पहले उसकी रक्षा का उपाय करना चाहिए, फिर आगे की सोची जाएगी।"

लेकिन बातों-बातों में रात हो गई। जब वे सुहागी के घर पहुंचे तब तक चिड़िया उड़ाई जा चुकी थी। एक दरवाज़े की चूलें ऊपर और नीचे दोनों ही तरफ से कटी हुई थीं। सरसुतिया के गायब होने की ख़बर तेज़ी से फैली। मुहल्ले के किसी आदमी ने कहा कि चुन्नी का लड़का साला कम ऐयाश नहीं है। मुझे उसकी नौकरानी आज संझा बखत दो बार यहां दिखलाई पड़ी थी। यह सारा खेल उसीका लगता है। बिल्लू और उसके मित्रों को भी यही शक था। चौहान उत्तेजित होकर बोला, "रेड कर दो साले के घर पर।"

"उससे क्या होगा ?" बिल्लू बोला, "तुम्हारे पास जब तक सबूत न हों तब तक तुम कुछ नहीं कर सकते।"

चौहान ने कहा, "हो क्यों नहीं सकता ? बबलू राठौर की जीत में आखिर हम लोगों का हाथ रहा है। हम उसे मजबूर करके चुन्नी स्वतंत्र के घर की तलाशी करवा सकते हैं।"

सब लोग बबलू के पास गए। सुनन्दा के साथ संतोषी भी वहां मौजूद था। सब बातें सुनकर पहले संतोषी ही बोला, "इसमें बबलू भला क्या कर सकते हैं ?"

बिल्लू तड़प उठा, "जो नई सरकार बनने से पहले ही कस्बे के पुलिस

कप्तान और दो इंस्पेक्टरों को सस्पेण्ड करा सकता है वह भला यह काम क्यों नहीं कर सकता ?"

बिल्लू की बात सुनकर संतोषी चिढ़ गया। बोला, "उनके खिलाफ तो इतने स्पष्ट प्रमाण मौजूद हैं कि कोई उंगली नहीं उठा सकता। लेकिन तुम्हारे पास क्या प्रमाण है कि स्वतंत्र कुमार ने सरसुतिया को उड़ा लिया। और यह भी आसानी से सिद्ध किया जा सकता है कि सरसुतिया का करेक्टर खराब था इसीलिए वह भाग गई। आप लोग एक बार फिर गौर कीजिए। बबलू कल राज्य गृहमंत्री की शपथ लेने जा रहे हैं। वह कुछ नहीं कर सकते।"

बिल्लू मन ही मन कसमसाता रहा। सब लोग बबलू से बिना मिले ही उठकर चले आए।

संतोषी की बातों से पूरी मित्र मंडली बहुत ही खिन्न हुई। हरसुख बोला, "अब बबलू का इलैक्शन हो गया न तो क्या अकड़ के बोलते हैं तुम्हारे भैया ? आज मुझे अपनी लाइफ का सबसे बड़ा शॉक लगा है।"

बिल्लू बोला, "सवाल तो यह है कि सुहागी को बचाया कैसे जाए। और सबसे बड़ी बात यह है कि मुझे सरसुतिया के सम्बन्ध में अब बहुत बड़ा खतरा नज़र आता है।"

हरसुख बोला, "बात तुम ठीक कहते हो। मैं आज पिताजी से एक बार फिर बात करूंगा।"

चौहान बोला, "कोई लाभ न होगा। हरसुख, हमारी पुरानी पीढ़ी के लोग अब इतने स्वार्थरत हो गए हैं कि उनसे किसी भले काम की आशा नहीं की जा सकती। तुम्हारे पिताजी को बचाना होता तो वे सुहागी की औरत को इस तरह अपमानित करके घर से न भगाते।"

"ठीक है, मैं छिद्दा से मिलूंगा।"

तीन-चार दिनों में छिद्दा अहीर से हरसुख और बिल्लू ने सम्पर्क स्थापित कर ही लिया। छिद्दा कटु होकर बोला, "बबलू राठौर तो अब मंतरी हुई गए हैं। पुलिस कप्तान, निसपिट्टर सबै कै मालिक हैं, उनते कहौ।"

"देखिए मौसा जी, हम सबसे मिल आए हैं। गुसाईं बाबा कह गए हैं :

धीरज धरम मित्र औ नारी, आपत् काल परखिये चारी।

बबलू राठौर अब अमीरों के मित्र हैं। हम गरीबों के सबसे बड़े मित्र,

यानी आपकी सेवा में आए हैं और सरसुतिया जी, अब कुछ भी कह लीजिए आपकी बहू हैं। हम सबकी इज़्ज़त का सवाल है। अमीर साले अब गरीबों को क्या जीने भी न देंगे ?"

छिद्दा कुछ न बोला, सोचता रहा। बिल्लू और हरसुख बारी-बारी से सरसुतिया और सुहागी के प्रति करुणा जगाते रहे। थोड़ी देर के बाद छिद्दा ने कहा, "तुम सब पंचै तौ पढ़े-लिखे लोग हौ। अखबारन में बमचख मचाऔ।"

बिल्लू ने कहा, "लेकिन सबसे बड़ा सवाल तो यह है कि इतने दिनों में सरसुतिया और सुहागी के सत्तर करम हो जाएंगे। मुझे सुहागी से भी बहुत अधिक सरसुतिया जी की चिन्ता है।"

"भाई, हमारी जान-पहचान के पुलिस वाले तौ बबलू राठौर तुम्हरे कस्बे ते हटाय दीन हैं। अब हमार दांव न बैठी। हम चुन्नी की कोठी पै न जाब। तुम अपने छात्रन का जुगाड़ बैठाव न।"

"दिक्कत यह है मौसा जी कि यह परीक्षाओं का समय है। लड़के—।"

"तौ हम का करी। छाड़ि देव भगवान के भरोसे। जौन होई तौन होई, अब का कहा जाय, जाओ।"

बिल्लू और उसके साथी घुटकर रह गए। बिल्लू ने राजधानी के अखबारों में सरसुतिया-सुहागी के सम्बन्ध में दो लेख लिखे। उसमें नये राज्य गृहमंत्री माननीय उत्तमसिंह उर्फ बबलू राठौर पर भी कुछ तीखी छींटाकशी हो गई थी जिसके कारण बबलू और संतोषी दोनों ही बहुत नाराज़ हुए। जिस दिन राजधानी के पत्र में बिल्लू का लेख आया था, उसी दिन संतोषी ने कस्बे में अपनी दुकान वाली कोठी के ही विशाल लॉन में अपने परम मित्र माननीय राज्य गृहमंत्री जी के सम्मान में एक बहुत बड़े समारोह का आयोजन किया था।

वह अपनी 'एडीशनल प्राइवेट सेक्रेटरी' श्रीमती सुनन्दा जी०लाल के साथ राजधानी में सबेरे-सबेरे ही बबलू की कोठी पर गया था। बबलू उस समय नहा रहे थे। उनकी पत्नी सुनन्दा को देखकर मुस्कराईं, बोलीं, "वाह छुटकन्नू भैया, भाभी ले आए और हम लोगों को पूछा..."

"अरे, यह तो मेरी नई प्राइवेट सेक्रेटरी है, भाभी। वह हमारे हेल्थ आफीसर दुष्ट गोयल के चक्कर में बेचारी ने बड़ी बेइज़्ज़ती और तकलीफें उठाई हैं। बेचारी की मजबूरियों का लाभ उठाकर गोयल ने करीब-

करीब इन्हें कानूनी तौर पर फंसा ही दिया था। यह और इनके हसबैण्ड बेचारे हमारे बबलू की शरण में आए। बबलू बिज़ी थे इसलिए मुझसे ही बातें हुईं मैंने गोयल के जाल से निकलने के लिए इन्हें अपनी एडीशनल प्राइवेट सेक्रेटरी बना लिया और गोयल के खिलाफ एक हलफिया बयान दर्ज करवा के सिविल हास्पिटल की नौकरी से भी इनको मुक्त करवा लिया। किसी शरीफ औरत को तंग करना आजकल गोयल जैसे ब्यूरोक्रेट्स का बायें हाथ का खेल हो गया है।

कुंवरानी साहब बोलीं, "आज 'यंग नेशन' में बिल्लू भैया का आर्टिकल सुहागी-सरसुतिया पर भी तो आया है। बिल्लू भैया ने आपके दोस्त पर भी तो व्यंग्य बाण मारे हैं।"

संतोषी बोले, "भाभी, बबलू बेचारे इसमें कर ही क्या सकते हैं, आप ही बतलाइए। अब वे कोरे-कोरे नेता तो हैं नहीं, मंत्री हैं। और सरकार तो एवीडेन्सेज़ पर चलती है। क्या किया जाए? सरसुतिया और सुहागी दोनों ही से मुझे सेण्ट-परसेण्ट सहानुभूति है पर आप ही बतलाइए, कोरी अफवाहों पर सरकार स्वतंत्र कुमार को कैसे पकड़ सकती है?"

थोड़ी देर बाद माननीय गृह राज्य मंत्री नहा-धोकर आए। कुंवरानी साहिबा उस समय चाय-नाश्ते का प्रबन्ध करने चली गई थीं। बबलू सुनन्दा के पास बैठते हुए बोला, "आप सुनन्दा हैं न?"

सुनन्दा ने गर्दन झुका कर शर्माये स्वर में कहा, "जी।"

"हमारे कस्बे के डा० गोयल से तो इनकी—"

मुस्कराकर संतोषी बोला, "अमां, उसे भूलो, अब ये मेरे साथ मेरी मिसेज़ का रोल प्ले करने के लिए हांगकांग जा रही हैं। इनके पासपोर्ट के लिए आया हूं। एक सिफारिशी पत्र लिख दो पासपोर्ट आफीसर को। शाम के फंक्शन में इनवाइट करने जा रहा हूं। तुम्हारी चिट्ठी देकर वह बात भी साथ ही साथ करता आऊंगा।"

श्रीमती सुनन्दा संतोषीप्रसाद और श्री संतोषीप्रसाद के नाम से बने पासपोर्ट पर दोनों एक हफ्ते के बाद ही हांगकांग उड़ गए। बबलू मंत्री के सम्मान में संतोषी की शानदार पार्टी से जो सिलसिला चला-तो पार्टियां होती चली गईं। ऐसा लगता था कि अपने-अपने सम्मानों में इन बेशुमार पार्टियों में जाना ही प्रत्येक मंत्री का प्रथम राष्ट्रीय महत्त्व का काम हो गया हो। इस समय हाई स्कूल और इण्टरमीडिएट के इम्तहान चल रहे थे। बिल्लू और चौहान अपनी-अपनी ट्यूशनों में ही अधिक समय देते थे।

रमेश अपने ममेरे भाई के विवाह में सम्मिलित होने के लिए अपनी ननिहाल चला गया था। हरसुख और उसके वकील पिता में अधिक नहीं बनती है। दोनों एक दूसरे से बचते ही रहते हैं। हरसुख अपने पिता का इकलौता बेटा हैं इसलिए बहुत नाराज़ होकर भी वह उससे सम्बन्ध-विच्छेद करने की मन:स्थिति में एक क्षण भी नहीं आ पाते। पिता चाहते हैं कि एल०एल०बी० करके वह अपने पैतृक पेशे में ही आ जाए किन्तु हरसुख अपने पिता के मुंह पर उनके वकालत के पेशे पर लानत भेजता है। दो वैचारिक मान्यताओं का संघर्ष चलता ही रहता है।

देखते ही देखते परीक्षाएं बीत गईं। गर्मियां आ गईं।

नौ

बिल्लू का कमरा। शाम का वक्त। गर्मी बेहद। हवा करने के लिए अखबार, दफती और एक टूटा हुआ हाथ का पंखा। सत्तार को प्यास लगी। उठकर सुराही के पास तक गया। उलटी, पूरी ही उलट दी किन्तु एक बूंद पानी न निकला। बोला, "लो यार, अपनी तो करबला हो गई।"

बातों की तेजी सत्तार की बात से टूटी। रमेश, बिल्लू और चौहान की नजरें उस तरफ गईं। हंस पड़े।

बिल्लू हंसकर बोला, "जा बेटा, नीचे के पब्लिक नल से अपनी प्यास और गर्म कर ला। हरसुख कमबख्त आया नहीं। वही पड़ोसियों के घरों से चाचा, मामा, नानी, मामी करके तेरे लिए ठंडा पानी ला सकता था।"

चौहान बोला, "जाके नल से सुराही भर ला न यार!"

सत्तार ने कहा, "अबे तो जेब से एक अठन्नी भी निकाल दे ताकि एक किलो बरफ भी ले आऊं।"

इस बात का उत्तर बिल्लू ने दिया, "बेटा आजकल जेब खाली है। मई-जून में एक भी ट्यूशन नहीं मिलती।"

चौहान ने अपनी जेब टटोली, एक चवन्नी निकल ही आई। "आधा किलो ही ले आना।"

"हद है यार। यह इन्दिरा सरकार भी महंगाई पर कण्ट्रोल नहीं कर पा रही है।"

"अमां, इन्दिरा जी क्या कोई भी पार्टी आ जाए मगर महंगाई को तोड़ न सकेगी।"

"महंगाई की समस्या तो है ही, देश के विभाजन की समस्या भी आ रही है। असम गले में अटका मछली का कांटा बन गया है। फिर भी यह देखो कि वहां विद्यार्थियों का संगठन कैसा बना है। सारे अधिकारियों का घेराव किए बैठे हैं। सारे काम ठप्प कर दिए।"

"इससे हमें सीखना चाहिए यारो। अखिल असम छात्र संघ ने अपनी

संगठन-शक्ति से ही सरकार को यहां तक मजबूर किया है कि वहां के राज्यपाल के सलाहकार सरीन अब उनसे बिना शर्त के बातें करने पर तैयार हो गए हैं।"

"जो भी हो अभी विद्रोह की आग वहां पूरी तरह से थमी नहीं है। यह पिछली 21 तारीख को असम के दो नगरों में सेना बुलानी पड़ी थी जनाब।"

चौहान और रमेश की बहस में बिल्लू की बीड़ी के धुएं और उसके कानों ने योगदान दिया। इधर वह अपनी चिंता से भी परेशान है। सालाना परीक्षाएं पूरी होते ही ट्यूशनें बन्द हो जाती हैं। कस्बे में दो-चार चोरीचकारियों के सिवा और कोई खबर ही नहीं मिलती। तपती धूप और लू में साइकिल पर राजधानी जाकर सचिवालय और सूचना विभाग के फेरे लगाता है। कुछ खबरें बनाता है, नये फीचर लिखने के लिए कुछ न कुछ मसाला लेकर भरी धूप में चार बजे तक घर लौटता है। हिन्दी और अंग्रेज़ी दोनों ही भाषाओं में लिखता है। लेख स्वीकृत हो जाने पर उनके छपने और फिर पैसे आने की प्रतीक्षा में ही उसके दिन कटते हैं। आम तौर से चेकें आती हैं। दिल्ली, कलकत्ता और बंबई से आने वाली चेकें बैंकों में महीने-डेढ़ महीने के बाद ही भुन कर आती हैं। ट्यूशनें न रहने पर इस आकाशी वृत्ति के दिनों में कभी भूखे रहने की नौबत भी आ ही जाती है। आज भी यही हालत थी, असल में कल शाम से ही वह भूखा है। बीड़ियां भी चुकने पर आ गई हैं। सोच रहा था कि छुटकन्नू भैया होते तो उन्हें एक्सप्लायट किया जा सकता था। मां के पास जाने को जी तो होता था मगर थकन कुछ ऐसी थी कि फिर से साइकिल चलाने में आलस आ रहा था। चाय की तलब थी मगर उसे भी अपनी कल्पना से ही तृप्त कर लेने के सिवा कोई चारा न था। इसलिए बहस में ही अपने आपको उलझा लेना ही पसंद किया। कहने लगा, "असम के विद्यार्थियों को ऐसी ज़बर्दस्त एकता के लिए बधाई देने को जी तो चाहता है मगर सच पूछो तो राष्ट्र के हक में यह अच्छा नहीं हो रहा।"

चौहान गरमा गया, "क्या अच्छा नहीं हो रहा है जनाब? बेचारे अपने ही घर में बेबस से घुट रहे हैं। बंगाली, मारवाड़ी, मुसलमान सभी तो उनके घर में बैठकर उन्हींकी छाती पर मूंग दल रहे हैं। असमिया लोग बेचारे विद्रोह न करें तो आखिर क्या करें?

रमेश बोला, "लेकिन यार, जो बंगाली, मारवाड़ी और मुसलमान

वहां सौ-सौ, पचास-पचास वर्षों से बसे हुए हैं उन्हें आखिर कैसे निकाला जा सकता है।"

हरसुख ने उसी समय कमरे में प्रवेश किया। देखते ही बिल्लू नाटकीय मुद्रा में बोला, "निकाल साले, वरना निकल जा।"

"अमां, तुम तो पहेलियां बुझा रहे हो। क्या निकालूं ?"

"कम से कम एक रुपया जिसमें चवन्नी एक पैकेट चाय के लिए और पिछहत्तर पैसे में जितनी शक्कर आए ले आओ बेटा। सत्तार बरफ लेने गया है। तुम चीनी ले आओगे तो यारों के मिज़ाज शरबती हो जाएंगे।"

"अमां बारह आने में आएगी कित्ती, ज़्यादा से ज़्यादा सौ ग्राम। फीका शरबत पीने से भला क्या फायदा।"

"अमा यार न होने से काने मामा ही भले।"

हरसुख बोला, "अगर तुम्हारे स्टोव में मिट्टी का तेल है तो मैं चाय का पैकेट और पचास ग्राम चीनी लिए आता हूं।"

"अबे तेल तो ईरान और ईराक पी गए। जाने दो यार बरफ आ ही रही है। ठंडा पानी पी-पीकर जमाने को कोस लेंगे।"

ठंडा पानी पी-पीकर बहसें फिर गरमा उठीं। अचानक आया सुहागी—दुबला, थका मगर तमतमाया हुआ। सब लोग उससे गले मिलने के लिए खड़े हो गए।

बिल्लू बोला, "तेरे दुर्भाग्य की पीड़ा को मैं समझ रहा हूं दोस्त···।"

"जेल से निकला हूं मगर अब चुन्नीलाल के बेटे साले की गर्दन काट कर फांसी पर चढ़ने का ही इरादा है। साले ने मेरी सरसुतिया को छीनने के लिए ही···" फिर कह न सका, फूट-फूटकर रो पड़ा।

बिल्लू ने उसको बांहों में भर लिया, बोला, "इतने निराश न हो सुहागी, हम सब तुम्हारे साथ हैं।···"

सुहागी ने बिल्लू के दोनों हाथों का बन्धन दीवाने आवेश से हटाते हुए कहा, "जब तक मैं उन दोनों बाप-बेटों की गर्दनें काटकर उनके घर की बहू-बेटियों को बेइज़्ज़त न कर लूंगा तब तक मुझे चैन नहीं आएगा।"

हरसुख भी उत्तेजित हो गया, बोला, "अकेले तुम ही नहीं हम सब बागी बनेंगे सुहागी। पूंजीपतियों का खून पिये बिना···"

बिल्लू बोला, "यार देखो, कोरी तावबाजी से काम नहीं चलेगा। इस खूनखराबे से हम लोग गिरफ्त में आ जाएंगे।"

"तुम कायर हो, बिल्लू।"

"मैं कायर नहीं बल्कि अक्ल की तलवार से दुश्मनों के गले काटना चाहता हूं। आखिर एक बात बतलाओ कि यह स्वतंत्र कुमार साला किस बूते पर अपनी राक्षसी लिप्साएं पूरी किया करता है? काली कमाई की धनशक्ति पर ही न! इन सालों के छिपे गोदामों का पता लगाओ। उस जगह का घेराव किया तो जनता भी तुम्हारे साथ होगी।"

हरसुख बोला, "हां यार, बिल्लू की बात में दम है।" सुहागी भी इन बातों के प्रभाव में धीरे-धीरे आ चला था। सहसा झटके के साथ बोला, "इसका एक गोदाम तो मैं जानता हूं। हमारे कटारीपुर की चौहद्दी के पास है। शेषनाग वाले टीले से जरा आगे ही ज़मीन के अन्दर उसका गोदाम है।"

"तुम्हें कैसे मालूम, सुहागी?"

"अरे,अपनी आंखिन देखा है, भैया। जब सेसनाग की महिमा नहीं फैली रही और ई जगह जंगल रहा। तब हम अपने ढोर चराने वहां जाया करत रहे। तब छः-सात बार हमने वहां ट्रकें आकर खड़ी होती देखी थीं। एक गुण्डा साला साधू बाबा बनाकर बैठाया गया है वहां। वहि की झोपड़ी से गुदाम का रस्ता है। हमारे गांव वाले सब जानित हैं। मगर अब उधर गऊएं चराने की मनाही हुय गई है।" सुहागी ने बतलाया।

हरसुख की आंखों में भी स्मृति की चमक आई। बोला, "सुहागी की बात में दम है बिल्लू। तुम्हें याद होगा कि मास्टर प्लान में शेषनाग मार्ग को आगे बढ़ाकर सीधे ग्राण्ट ट्रंक रोड से जोड़ने की बात उठी थी। लेकिन लाला चुन्नीलाल ने ही वह स्कीम ठप्प करवा दी थी।"

बिल्लू ने कहा, "मैं इसका पता लगवाऊंगा।"

पता लग जाने के बाद बिल्लू को यह चिन्ता हुई कि श्रमदान आरम्भ करते ही चुन्नीलाल अपना चेहरा बचाने के लिए हर तुक-बेतुक की चाल-बाज़ियां चल जाएगा। उसने एक सुन्दर योजना बनाई। प्रदेश की नई सरकार के स्वायत्त शासन मंत्री श्री अशर्फीलाल से एक डेपुटेशन लेकर मिला। बिल्लू ने आवेदन-पत्र दोनों हाथों से आगे बढ़ाते हुए कहा, "अब प्रगतिशील युवकों की सरकार आ गई है माननीय, और हम छात्रगण भी उससे सहयोग करना चाहते हैं।"

माननीय अशर्फीलाल नेतावत् मुस्कराए। आवेदन-पत्र लेकर पढ़ना शुरू किया तो मुस्कराहट कुछ और बढ़ी। अर्ज़ी मेज़ पर रखते हुए प्रसन्नतापूर्वक बोले, "अरे भाई, आपके क्षेत्र के मंत्री कुंवर उत्तमसिंह हैं,

उनसे उद्घाटन कराते। बहरलाल विचार बहुत अच्छा है आपका।"

बिल्लू खट से बोला, "हम लोग प्रगतिशील छात्र हैं माननीय। कुंवर साहब तो हमारे हैं ही मगर यह काम आपके शुभ कर-कमलों से हो तभो हमारा हौसला बढ़ेगा। क्योंकि आप ही तरुण कैबिनेट में सबसे तरुण मंत्री हैं।"

चौधरी अशर्फीलाल अपनी तरुणाई पर फूल गए। बोले, "लिखवा दो भाई किस दिन करोगे?"

"परसों, सुबह दस बजे।"

मंत्री जी पी० ए० को देखकर बोले, "डायरी में नोट कर लो।"

पी० ए० बोला, "लेकिन परसों हुजूर आपको आठ बजे सबेरे आलमपुर दौरे पर जाना है।"

"यह लो और भी अच्छा है। आप नौ बजे उद्घाटन कीजिएगा और उधर से ही आलमपुर चले जाइएगा। उधर से सिर्फ दो-ढाई फर्लांग कच्ची सड़क से जाना होगा यह अवश्य है; परन्तु युवकों का नायकत्व यदि युवा मंत्री ही करेंगे तो इससे हमारा मनोबल बढ़ेगा।"

सब बात तय हो गई। उद्घाटन के दिन जानबूझ कर सबेरे के अखबारों में इस सम्बन्ध की कोई सूचना नहीं दी गई। लेकिन छात्रों की एक अच्छी-खासी भीड़ वहां उपस्थित थी। नगर के प्रायः निर्धन जन जनार्दन को भी लड़के घेर लाए थे। श्रमदान का उद्घाटन समारोह बड़ी धूमधाम से हुआ। पहला फावड़ा माननीय स्वायत्त शासन मंत्री ने ही चलाया। उसकी फोटो भी ली गई। छात्रों के रचनात्मक उत्साह की मंत्री जी ने भूरि-भूरि प्रशंसा की। मंत्री जी विदा हुए।

सड़क निर्माण की सूचना पाकर चुन्नीलाल चौंके मगर बाज़ी एकाएक उनके हाथ से निकलती हुई नज़र आ रही थी। लड़के उस भूमि पर ज़बर्दस्त घेराव किए हुए थे और जोश से खुदाई कार्य कर रहे थे।

पहला बावेला झोपड़ी के नकली साधू बाबा ने ही मचाया।

"मारो साले को, साला चोरों का दलाल है।" साधू बाबा ठोंक-पीट कर सुजा दिए गए। नकली साधु पत्ते छू भागा।

मंत्री जी के अचानक उद्घाटन की खबर राजधानी से जब कस्बे के थाने पर पहुंची, और उद्घाटन उसी स्थल का जहां चुन्नीलाल का गोदाम है तो दरोगा जी के कान ठनके। उन्होंने मंत्री जी के साथ आए हुए कप्तान साहब के कान में कुछ कहा। तब तो खैर वश नहीं चल

सकता था।

सबसे पहले झोपड़ी ही गिराई गई। जहां नकली बाबा का चूल्हा था उस स्थान को सुहागी के निर्देश पर पहले खोदा गया। दो हाथ खोदते ही भुरभुरी मिट्टी उठा के फेंकते ही पत्थर की चटिया मिली। लड़कों में उत्साह आ गया। जिन्हें मालूम था वे नये उल्लास में थे और जिन लड़कों को इस रहस्य का पता नहीं था वह कौतूहलवश आगे झुके-झुके पड़ते थे। पत्थर बहुत भारी नहीं था। आठ-दस कुदालों की नोंक से ही ऊंचा उठने लगा। नीचे दरवाज़ा और दरवाज़े पर ताला। बिल्लू चिल्लाया, "देखो भाई, यह है शहर के सबसे बड़े चोर चुन्नीलाल का छिपा हुआ गोदाम। यही है वह जाली शक्ति जिसके बल पर उनके लड़के स्वतंत्र कुमार ने सुहागी का घर उजाड़ा है। कितने बेचारे-बेचारियों का कलेजा जलाया है।"

"बदला लो, बदला लो" की आवाज़ें उठने लगीं। ताले का कुण्डा तोड़ डाला गया। नीचे सीढ़ियां नज़र आ रही थीं। बिल्लू ने रमेश के कान में धीरे से कहा, "तुम इसकी फोटो लेकर कैमरे सहित भाग जाओ। थोड़ी देर में ही अब कुछ न कुछ उत्पात होने वाला है। फोटो डेवलप कराके रखना।"

झोपड़ी के आसपास की ज़मीन और भी जोश से खुदने लगी। मिट्टी हटाते ही गोदाम की छत चमकने लगी। लड़कों का उन्मादकारी विजयोल्लास हुल्लड़ के रूप में लगभग आधे कस्बे में गूंज उठा।

चुन्नी को खबर लग गई थी। नकली साधु पहरेदार भी उनकी कोठी तक पहुंच चुका था। पुलिस की दो ट्रकें थाने से चल पड़ीं। बिल्लू पहले से ही होशियार था। चौहान को चौकसी के लिए पहले से ही खड़ा कर दिया गया था। जैसे ही उसने आकर खबर दी वैसे ही बिल्लू ने अपने साथियों से कहा, "पकड़ाई में न आना यारो, इधर-उधर छितराकर भाग चलो। भागो-भागो।"

हरसुख बोला, "अमां, अब तो तुम्हारे बबलू राठौर मंत्री हैं।"

बिल्लू ने कहा, "बकवास न करो। तुम सुहागी, सत्तार वगैरह को लेकर भागो।" बिल्लू ने दोनों हाथों से उन्हें लगभग ढकेल ही दिया। कुछ लड़कों ने सुना, कुछ ने नहीं सुना। बेईमानी का एक स्पष्ट प्रमाण उनके सामने था और वे बड़े जोश में थे। सत्य और आदर्श के दूध में उबाल आया था। ट्रकें मैदान के पास पहुंच गईं। थानेदार ट्रक में लगे लाउड़-

स्पीकर से गरजने लगे, "आप लोग यहां से चले जाइए।"

कोई विद्यार्थी चिल्लाया, "हम यहां श्रमदान कर रहे हैं।"

"यह श्रमदान नहीं होगा।"

बिल्लू ने चीखकर कहा, "ज़रूर होगा। खुद मंत्री जी इसका उद्घाटन कर गए हैं।"

ट्रक के लाउडस्पीकर से दरोगा जी का आदेश गूंजा, "मैं पांच मिनट का समय देता हूं। भीड़ तुरन्त यहां से चली जाए।"

ट्रकों के सिपाही लाठियां ले-लेकर नीचे उतर पड़े। बिल्लू चिल्लाकर बोला, "भाइयो, तुम लोगों में से जो नामर्द हों वे चले जाएं।" फिर पुलिस से ललकार कर कहा, "आप लोगों को लज्जा नहीं आती है। यहां एक चोर-बाज़ारिये का गोदाम छिपा है और आप लोग उस समाज विरोधी का ही पक्ष ले रहे हैं? याद रखिए, यदि पुलिस की लाठियां चलीं तो हम भी वदला लेने के लिए तैयार हैं।" छात्रों के हाथ में फावड़े और कुदालें हथियारों की तरह उठ खड़ी हुईं। लेकिन वे थीं ही कितनी! अधिकांश लड़के व जनता तो दर्शक बनकर आई थी और निहत्थी थी। ट्रक से हुकुम गरजा—"शुरू करो।"

खाकी वर्दी की लाठियां इधर-उधर घूमने लगीं। आधी से ज़्यादा भीड़ छंट गई। दरोगा वाली ट्रक फावड़े-कुदालें लिए हुए लड़कों की ओर बढ़ने लगी।

फावड़े, कुदालें कुछ न कर सकीं। लाठियों का ज़ोर अधिक था। बिल्लू की पीठ पर लाठी पड़ी। वह लड़खड़ाया, गिरा। फावड़ा उसके हाथ से छीन लिया गया। भागते-भागते भी दो लड़के बिल्लू को बचाकर ले जाने लगे, लेकिन पुलिस के घेरे में आ गए। बिल्लू समेत दस-पन्द्रह लड़के थोड़े संघर्ष के बाद पुलिस की गिरफ्त में भी आ गए। जो स्थान मेले की तरह उल्लास से गूंज रहा था वह मरघट की तरह सूना हो गया।

दस

कस्बे भर में तरह-तरह की खबरें फैली हुई थीं। बिल्लू के गिरफ्तार होने की सूचना गुरसरन बाबू को भी मिल गई थी। पुत्रमोह की रसायन से उनका स्वार्थ भरा कायर हृदय रूपी पत्थर भी पिघल उठा। मन के बावलेपन में पहले घर के भीतर ही गए और अपनी पत्नी पर ही चिल्लाने लगे, "देख ली न अपने सपूत की लीला। उल्लू के पट्ठे ने मेरी नाक ही कटवा दी। पुश्त दर पुश्त की आबरू चुल्लू भर पानी में डुबो दी नालायक ने।"

बिल्लू की मां घबराकर बोलीं, "अरे हुआ क्या ? किसने क्या किया ?"

"और कौन करेगा ? आपके बड़े होनहार सपूत बिल्लू गिरफ्तार हो गए हैं।"

"हैं !" मां के दोनों हाथ कलेजे पर आ गए। आंखें फटी-फटी-सी हो गईं और एक क्षण के लिए उनके मन में स्तब्धता छा गई। गुरसरन बाबू आवेश में आकर बोलते ही जा रहे थे। "चुन्नीलाल से लड़ने चले थे सरऊ। अरे, करोड़पती आदमी है। सभी साले बेईमानी से धन पैदा करते हैं। कोई नई बात है। भगवान वेदव्यास जी खुद अपनी कलम से लिख गए हैं कि धन कोरी सच्चाई से इकट्ठा नहीं किया जाता। मगर आपके साहबज़ादे तो दुनिया के सबसे बड़े अक्लमंद हैं।"

बिल्लू की मां घबराकर पति से चिपट गईं और कहा, "कुछ भी करो, मेरे बिल्लू को बचाओ। अब तो छुटकन्नू का दोस्त मंतरी हैं। जाओ उसके पास। तुम्हें मेरी कसम। मैं तुम्हारे पैरों पड़ती हूं।"

"क्या बताऊं, छुटकन्नू इस दम हैं नहीं। वही मामला सुलझा सकते थे !···खैर, एक बार तो राजधानी जाना ही पड़ेगा। देखो, बबलू क्या करते हैं ?"

अब्दुल सत्तार, चौहान और हरसुख तीनों ही अपने-अपने कामों में मुस्तैद थे। सुहागी रमेश के घर में भूसे वाली कोठरी में छिपा दिया गया

था। रमेश के घर का बूढ़ा नौकर मैंकू जात का अहीर और दूर-पास के रिश्ते में सुहागी का कुछ लगता भी था। रमेश मैंकू बाबा के हाथ-पैर जोड़कर सुहागी की रक्षा का भार उन्हें दे आया था। मौके की तस्वीरें रमेश ने खींची थीं। उन्हें लेकर वह और अब्दुल सत्तार राजधानी की ओर साइकिलों पर दौड़ चले। रमेश चौकन्नी चाल से कस्बे भर में डोलते हुए गोदाम के सत्य का उद्घाटन करने लगा। ऐसे ही न जाने और भी कितने गोदाम होंगे। पब्लिक को परेशान करके ही ये लोग धनी बनते हैं और धन के ज़ोर पर ही पुलिस को अपने हाथ का खिलौना बनाते हैं। चुन्नी का लड़का साला गरीब की औरत उठा के ले गया और जनता के कानों में जूं तक न रेंगी। इतने बड़े पाप का उद्घाटन हुआ और पापी को न पकड़कर उद्घाटन करने वाले हमारे वीर नेता बिल्लू श्रीवास्तव को पुलिस पकड़कर ले गई। याद रखो, आज एक गरीब की औरत उठाई गई है, कल दूसरे की, परसों तीसरे की उठाई जाएगी।···

क्रुद्ध जनता के जुलूस में सबसे पहले कस्बे के रिक्शे वाले ही शामिल हुए। फिर धीरे-धीरे भीड़ बढ़ती गई। 'चुन्नीलाल हाय-हाय। स्वतंत्र कुमार हाय-हाय।' चिल्लाते हुए वे सीधे थाने के सामने पहुंच गए। नारा बदल गया। सुहागी की औरत को पुलिस आज़ाद करे। दरोगा जी बाहर आ गए। हाथ जोड़कर बोले, "आप सब लोग शांत हो जाएं···।"

"शांत कैसे हो जाएं जी। रकाबगंज का थानेदार साला लाठी चार्ज करवा गया और आप कहते हैं कि शांत हो जाएं। चुन्नीलाल का लड़का सुहागी की औरत को उड़ाने के लिए इतना बड़ा षड़यन्त्र करे और हम चुप रह जाएं। आप भी हमारे भाई हैं। आपके घर की स्त्रियों के साथ ऐसा अनाचार हो और आप क्या खामोश बैठेंगे?"

थाने का फाटक बंद था। बरामदे में दरोगा जी और दो-चार पुलिस वाले चुपचाप खड़े थे और फाटक के बाहर रमेश गरज रहा था। दरोगा समझदार था। उसने शांतिपूर्वक कहा, "देखिए, सुहागी की औरत के गायब किए जाने की रिपोर्ट तो आप लोग दर्ज करवा ही चुके हैं। हम विश्वास दिलाते हैं कि···"

रमेश फिर गरजा, "हम किसी का विश्वास नहीं करते। जब तक सुहागी की पत्नी तलाश करके पुलिस नहीं लाएगी तब तक हम यहीं बैठकर धरना देंगे।"

"महाशय, मैं आपकी बात का पूरा समर्थन करता हूं। मगर मेरी

प्रार्थना है कि अगर धरना देना है तो कप्तान साहब की कोठी पर जाकर दीजिए। हम छोटे लोगों पर नाराज़ होने से आपको क्या मिलेगा। दूसरे, हमारी यह चौकी तो घटना के इलाके में आती भी नहीं है। हमें क्यों परेशान करते हो?"

दरोगा की मीठी और समझदारी भरी बातों से रमेश के दल ने पुलिस कप्तान की कोठी की ओर बढ़ना शुरू किया। 'बिल्लू श्रीवास्तव को रिहा करो, चोर-बाज़ारियों को दण्ड दो, सरस्वती देवी का अपहरण करने वालों को दण्ड दो।' कप्तान की कोठी के बाहर फुटपाथ पर हुल्लड़ का पहाड़ खड़ा हो गया। कप्तान साहब की कोठी पर पहरा देने वाले संतरियों को बंदूकों पर संगीनें भी चढ़ गईं। घण्टे-सवा घण्टे तक अनवरत क्रम से नारे चलते रहे। एकाएक जेल की दो ट्रकें आ गईं। लड़के गिरफ्तार करके ट्रकों में भरे जाने लगे। भीड़ का बहुत-सा भाग, जो उन्मादशूरता दिखला रहा था, दुम दबाकर भाग गया। फिर भी दोनों ट्रकें ठसाठम भर गईं। धरना समाप्त हो गया लेकिन पिंजरे में बंद युवा शेर जेलखाने पहुंचने तक सड़कों पर नारे दहाड़ते रहे। नगर के वातावरण में क्षोभ भर उठा। नई सरकार के लिए क्रोध भरे वचन ज़गह-जगह ज़बानों से बाहर निकलकर जनता और सरकार के बीच में मनोमालिन्य बढ़ा रहे थे।

बबलू राठौर एक पुराने छोटे ताल्लुकेदार के उत्तराधिकारी थे लेकिन अपने छात्रकाल से ही वे समाजवादी विचारधारा के पोषक थे। आरम्भ में छात्र नेता फिर बाद में अपने कस्बे के परम उत्साही नेता बन गए थे। बाद में संजय गांधी की युवा सेना में भी भरती हो गए और जनता सरकार के दिनों में महगाई विरोधी कई आन्दोलनों का नेतृत्व किया। भरी सभाओं में कई चोर-बाज़ारियों के नाम बेधड़क लिए और सरकार से उन्हें पकड़ने की मांग की। उनका नहले पे दहला यह पड़ा कि अपने फार्म को अपनी पुरानी किसान प्रजा को साथ लेकर कोआपरेटिव फार्म बना दिया। श्रमिक किसानों को कोआपरेटिव से मज़दूरी मिलती थी लेकिन त्याग के नाम पर निर्धन सहायता कोष से लिए सबके वेतनों का कुछ भाग हज़म भी हो जाता था। डिवीडेण्ड बांटते समय भी बबलू राठौर कुछ न कुछ अर्थशास्त्रीय जादूगरी के करिश्मे कर ही दिखलाते हैं लेकिन सब मिलाकर उनका प्रजावादी चेहरा अब तक आमतौर से उजला ही रहा है। चुनाव जीत गए, यही नहीं गृह विभाग के राज्य मंत्री भी नियुक्त हुए। कस्बे और आसपास के गांवों में उनके अभिनन्दनों की होड़ लगी। सबसे अधिक

चमत्कारी तमाशा उन्होंने यह दिखलाया कि अपनी हर अभिनन्दन सभा में वे साइकिल पर ही गए। उनके शैडो आदि सरकारी सुरक्षात्मक पुछल्लों को भी साइकिलों पर ही चलना पड़ता था। बबलू राठौर अभी तक तो राजी-खुशी 'हीरो' बने रहे परन्तु इस चुन्नी के गोदाम काण्ड के कारण उनकी मनःस्थिति सांप-छछून्दर की-सी हो गई, निगले तो अंधा उगले तो कोढ़ी।

बाबू गुरसरन लाल बस से राजधानी पहुंचे और रिक्शे से कुंवर उत्तमसिंह की सरकारी कोठी तक। पहले तो प्रवेश की गुंजाइश ही न दिखलाई दी। संतरी ने टके-सा जवाब दे दिया, "जनता से मिलने का टाइम चार से पांच बजे तक का है।"

"भैया, मंत्री जी मुझे अपना बुजुर्ग मानते हैं, मेरे लड़के के बड़े अच्छे दोस्त हैं, मैं उन्हींके मतलब के एक बड़े ज़रूरी काम से आया हूं। जाकर मेरे नाम की एक पर्ची तो दे दो।"

पर्ची पहले से ही लिखकर जेब में रख लाए थे, जो पांच रुपये के नोट के साथ संतरी जी के हाथों में रख दी। संतरी नाम की पर्ची भीतर अर्दली को देकर चला आया। घड़ी की बड़ी सुई ही नहीं छोटी भी आगे बढ़ती रही मगर एक घंटे तक कोई जवाब ही नहीं। गुरसरन बाबू की बुजुर्गी और आबरूदारी को धीरे-धीरे ताव भी आ चला। मगर संतरी से बोले, "भैया, मंत्री जी अगर यह सुनेंगे कि मैं उनके दरवाज़े से बिना मिले ही लौट गया तो आप लोगों पर नाराज़ हो जाएंगे। मैं मामूली आने वालों में नहीं हूं। वे मुझे चाचाजी कहकर पुकारते हैं। क्या समझे?"

संतरी बोला, "उनके सेक्रेटरी से पूछिए।"

गुरसरन बाबू अंदर पहुंच गए। अर्दली से कहा, "मैंने पर्ची भेजी थी।"

अर्दली बोला, "माननीय मंत्री जी बिजी हैं।"

गुरसरन बाबू को ताव आ गया। चिक उठाई और सेक्रेट्री के कमरे में घुस गए। कहा, "मैं मंत्री जी का चाचा हूं। फोन मिलाकर कहिए कि संतोषी के फादर बाबू गुरसरन लाल आए हैं।"

कहने का रौबीला ढंग प्रभावित कर गया। पी० ए० ने टेलीफोन उठाकर मंत्री जी से कहा। दो मिनट में ही राज्य गृहमंत्री चटपट आ पहुंचे और गुरसरन बाबू के घुटने छूकर बोले, "कैसे तकलीफ की चाचाजी? आइए अन्दर चलिए।" कमरे से निकलते समय गुरसरन बाबू की नज़रें

पी०ए०से इस तरह मिलीं मानो पूछ रही हों, "अब समझे बेटा, मैं कौन हूं ?"

अकेले में बैठकर चुन्नी के गोदाम का सारा हाल सुना। बिल्लू की गिरफ्तारी का समाचार भी सुना। घण्टी बजाई। अर्दली आया। "पी० ए० को बुलाओ।" पी० ए० आया।

"हमारे कस्बे के डी० एस० पी० को फोन मिलाओ और हमें लाइन दो।" फिर पूछा, "संतोषी कब तक आ रहा है चाचा ?"

अभी तक तो कोई खबर मिली नहीं कुंवर साहब। पिछले लेटर में आया था कि हांगकांग से न्यूयार्क भी जाएगा।"

"बिल्लू को अब कण्ट्रोल में लेना होगा चाचा। इसको किसी न किसी गवरमेंट पोस्ट पर लगा ही देना होगा।"

"अब यह सब तो आप ही लोग कर सकते हैं, मेरे वश का तो रहा नहीं बिल्लू। क्या बतलाऊं, इसकी चिन्ता मुझे चैन से बुढ़ापा भी भोगने नहीं देगी।"

तब तक लाइन मिल गई। राज्य गृहमंत्री बोले, "गिरफ्तार किए हुए सब लड़कों को फौरन छोड़ दो। और चुन्नीलाल के लड़के से भी कहला दो कि सुहागी की औरत अगर चौबीस घण्टे के अन्दर अपने घर न पहुंची तो मैं उनके खिलाफ सख्त कार्यवाही करूंगा।"

चौबीस घण्टे के अन्दर सरसुतिया की लाश उसके घर के पिछवाड़े नाले में मिली। खबर बिजली की तरह दौड़ गई। तब तक बिल्लू आदि भी आज़ाद हो चुके थे। उधर सुहागी बावला हो उठा था। रमेश और हरसुख ने ज़बर्दस्ती उसे पकड़कर एक कमरे में बंद किया और बाहर से कहा, "दिमाग ठण्डा करो सुहागी, तुम्हारी पत्नी का हत्यारा बचकर नहीं जाएगा, यह हम वचन देते हैं। घण्टे-डेढ़ घण्टे में ही तुम्हें सूचना मिल जाएगी कि हमने क्या किया ?"

बिल्लू के कमरे में बैठक जुड़ी। पड़ोस के घर से कुछ फोन राजधानी किए गए। कुछ अपने कस्बे के दो इण्टरमीडिएट कालेजों के छात्र नेताओं के पास दौड़े। परीक्षा के दिन पास थे। घण्टे भर में ही पांच सौ क्रुद्ध लड़कों ने चुन्नीलाल की हवेली घेर ली। 'सरस्वती के हत्यारे को बाहर निकालो।' उनकी कोठी के टेलीफोन तार काट दिए गए। उनकी कोठी के दरवाज़ों और चौखटों पर पेट्रोल छिड़ककर आग लगा दी गई। लड़कों की इस कार्यवाही से पुलिस दल सतर्क तो अवश्य हुआ पर उपकप्तान से लेकर सब-इस्पेक्टर तक कोई कार्रवाई करने से हिचक रहे थे क्योंकि कल स्वयं राज्य-

मंत्री जी ने ही आदेश देकर लड़कों को छुड़वाया था। उन्हें फोन पर सारी घटना की सूचना गई। राज्यमंत्री जी का आदेश हुआ, "लाश के चारों तरफ कड़ा पहरा लगा दिया जाए। चुन्नीलाल के फाटक पर जो आग लगाई गई है उसे फौरन बुझाने का प्रबन्ध किया जाए। इसमें लड़के अगर विरोध करें तो आंसू गैस का प्रयोग किया जा सकता है। सरस्वती देवी का शव बड़ी धूमधाम से निकलेगा। इसका इंतज़ाम कर रखिएगा। मैं यहां से रिज़र्व पुलिस के दस्ते भी भेज रहा हूं।"

चुन्नीलाल की कोठी का फाटक जल रहा था। ऊपर के दरवाज़ों पर मशालें तान-तानकर फेंकी जा रही थीं। पचास पुलिसमैनों की टुकड़ी और पांच सौ क्रोधान्ध छात्रों की भीड़। भला मुकाबला ही क्या था। फिर भी पुलिस दल के दिखलाई पड़ते ही लड़के मार्च करते हुए बाहर निकलने लगे। 'सरस्वती देवी की मौत का बदला लो', 'पूंजीवादियों का नाश हो' 'यह सरकार बदलनी है,' आदि नारे लगने लगे। चुन्नीलाल की कोठी का मोर्चा छोड़कर आगे बढ़ती हुई छात्र भीड़ से छेड़छाड़ करना पुलिस ने शायद अच्छा नहीं समझा। वह आते ही चुन्नीलाल के जलते फाटक को बुझाने के प्रयत्नों में लगी। नक्काशीदार फाटक, चौखट इस तरह से तर की गई थी कि लकड़ी का बाहरी भाग लगभग जलकर विद्रूप हो चुका था। चौखट से लगी आयल पेण्ट की दीवारों पर भी कुछ जरब आ गई थी। ऊपर फेंकी हुई कई मशालों में से भी एकाध कारगर साबित हुई। ऊपर के बरामदे का तखत, कुर्सियां जलने लगी थीं।

लड़कों के जाने और पुलिस के आने की बात सुनकर चुन्नी और स्वतंत्रकुमार दोनों ही रुस्तम सोहराब की तरह अकड़ते हुए ऊपर के बरामदे में दिखलाई दिए। नौकर भीतर से भी पानी की बाल्टियां भर-भर फेंक रहे थे और बाहर से भी पुलिस वाले और मोहल्ले के दस-पांच लोग भी बाल्टियों पर बाल्टियां डाल रहे थे। दस-पांच मिनट में आग का तमाशा खत्म हो गया। चुन्नी की कोठी का अधजला फाटक फिर खुला और चुन्नी बड़े क्रोध से तपते हुए बाहर आए, इंस्पेक्टर से कहा, "यह देखा आपने, शरीफों का रहना मुश्किल कर दिया है।"

इंस्पेक्टर ने आगे बढ़कर उनके कान में कहा, "अपने बेटे को दो-चार दिन के लिए गायब कर दीजिए। आप भी शांत रहिए। कुंवर साहब राजधानी से चल चुके हैं। थोड़ी ही देर में यहां होंगे। आपकी रक्षा के लिए मैं आठ राइफलधारी कांस्टेबुल्स छोड़े जाता हूं। क्या तूफान मचाया है

सालों ने। अब तो पुलिस की नौकरी साली···क्या कहें। खैर, मैं चलता हू। आप भी शांत बैठिएगा। मुझे रिपोर्ट मिल चुकी है कि राजधानी से भी लड़के चल चुके हैं।" चुन्नीलाल का जोश चूहे की तरह कान दबाकर बैठ गया।

जुलूस सड़कों से गुज़र रहा था। दूकानें पटापट बन्द हो रही थीं। कालेबाज़ारियों, मुनाफाखोरों को खुली धमकियां दी जा रही थीं कि इस नगर का एक भी गोदाम जनता की आंखों से ओझल न रह पाएगा। शहर में आतंक छा गया। कस्बे की सड़कों पर विद्रोही नारे लगाकर घूमती हुई छात्रों की भीड़ सरस्वती देवी की लाश के पास आ पहुची। तब तक बबलू राठौर की झंडेदार गाड़ी घटनास्थल के निकट वाली सड़क पर आ पहुंची थी। बबलू को देखते ही बिल्लू उत्तेजित हुआ मगर बबलू मंत्री ने अपनी चतुराई से विद्रोह का क्षण अपने हाथ में ले लिया। कार से उतरते ही नाटकीय ढंग से बिल्लू को कलेजे से लगाकर बिलखते स्वर में कहा, "इस अन्याय का बदला अवश्य लिया जाएगा, बिल्लू, अवश्य लिया जाएगा।"

बात इतनी ज़ोर से कही गई कि औरों ने भी सुनी। बबलू मंत्री की आंखों में आंसू भरे हुए थे। आलिंगन मुद्रा छोड़कर पूछा, "कहां है सरस्वती देवी का शव ?"

पुलिस आगे-पीछे। भीड़ छंटती गई। शव की ओर देखा और फिर आंसू बहाते हुए आवेश की मुद्रा में उत्तेजित भीड़ को सम्बोधित करने लगे, "पूंजीपतियों के द्वारा पिछड़े वर्गों की नारियों पर आये दिन अत्याचार बढ़ते ही जा रहे हैं। हमें इसका दमन करना होगा। उन बहादुर युवाओं को मैं हार्दिक बधाई देता हूं जिन्होंने एक कालेबाज़ारिये के गोदाम का उद्घाटन किया। बिल्लू श्रीवास्तव हमारे कस्बे का रत्न है।" आदि-आदि बहुत-सी बातें कहीं। और यह भी कहा कि इस शहीद बहन का शव सम्मान से निकाला जाए। सारा खर्चा व्यक्तिगत रूप से मैं दूंगा। तब तक राजधानी से भी साइकिलों पर लड़के आने लगे थे लेकिन जब घरवालों का मन ही ठण्डा किया जा चुका था तब बाहर वालों को मनाने में भी देर न लगी। शव के सम्बन्ध में पूरी कानूनी कार्यवाही की जा चुकी थी लेकिन शव को श्मशान ले जाने से पहले एक बार सुहागी को दिखला देना ज़रूरी था। बबलू राठौर की झंडेदार सरकारी गाड़ी पर बिल्लू, हरसुख और चौहान रमेश के घर पहुंचे। सुहागी के कमरे का द्वार खोला गया। अपनी ही धोती बिजली के पंखे की छड़ में बांधकर सुहागी ने अपने

आपको फांसी लगा ली थी। जब द्वार खुला तो सबके सब देखकर धक् रह गए। पति-पत्नी की लाश एक साथ उठी। सारा नगर, बबलू मंत्री और बड़े-बड़े धनी-मानी भी शवयात्रा में शामिल थे। सुहागी और सरसुतिया मरकर युवकों के मन में क्रान्ति की ज्वाला बन गए थे।

ग्यारह

मरघट से लौटती भीड़, क्या सवर्ण क्या असवर्ण सभी का मन करुणा और क्रोध से मथ रहा था।

"अब पैसे वालों का ज़माना है भैया। गरीब की आबरू खतरे में है।"

सुहागी का पिता आग का पूला लिए हुए जब चिता की परिक्रमा कर रहा था तो लड़खड़ाया, गिरा और बेहोश हो गया। आग का पूला गिर गया। एक भीड़ उसे बचाने के लिए चिता के पास और लग गई। बिल्लू ने जलते पूले को अपनी चप्पलों से बुझा दिया, जो ठीक सुहागी के पिता के सिर के बगल ही में गिरा था। अकस्मात् पहचानने वालों ने देखा कि प्रसिद्ध डाकू छिद्दा सुहागी के बेहोश पिता को कन्धे पर डाल रहा है। वह उसे भीड़ में से निकालकर ले गया। मंत्री, पुलिस और भीड़ चुपचाप देखती ही रह गई।

सरसुतिया के बूढ़े माता-पिता भी मरघट पर आए थे। किसीने कहा, इन्हींसे आग जलवा दो। बिल्लू नाराज़ हो गया। बोला, "मैं धर्म-कर्म की यह फार्मेलिटीज़ नहीं मानता। चिता में आग मैं दूंगा। हरसुख, ऐ चौहान, तुम दोनों बूढ़े-बुढ़िया को संभाले रखना।"

चिता की उठती ज्वालाओं के साथ ही बिल्लू का नारा गूंजा। "पूंजीपतियों का नाश हो।" सैकड़ों कण्ठों से यह नारा गूंज उठा। धनी-मानी जनता धीरे-धीरे पीछे होने लगी, गायब होने लगी। बबलू मंत्री ने बिल्लू के कन्धे पर हाथ रखकर प्यार से कहा, "अपने आवेश को शान्त करो भाई। तुम बिगड़ोगे तो यहां का वातावरण उन्मादी हो जाएगा। मैं वचन देता हूं कि इस स्त्री के हत्यारों को छोड़ा नहीं जाएगा।"

सरसुतिया के वृद्ध माता-पिता को बिल्लू और उसके साथी सम्भाल कर उन्हें घर की ओर ले चले। गृह राज्य मंत्री ने डी०एस०पी० को धनी मुहल्लों और बाज़ारों की रक्षा करने के लिए विशेष आदेश दिए। "आतंककारियों पर नज़र रखें। बिल्लू मेरे मित्र का भाई अवश्य है परन्तु उसपर

और उसके साथियों पर पूरा भरोसा नहीं किया जा सकता। ये और भी कुछ गोदामों की तलाश करेंगे। तुम दो-चार अनइम्पार्टेण्ट किस्म के बनियों-बक्कालों को पकड़ लेना, कुछ सामान भी निकाल लेना। इससे जन-आक्रोश थोड़ा काबू में आएगा। समझे!"

"जी सर, आपके आदेशानुसार ही सब काम कर दिया जाएगा।"

"दो-चार दूकानों पर तो छापे आज ही डाल दीजिए, इससे वातावरण पर अच्छा प्रभाव पड़ेगा और लड़के तब भी कुछ अशांति उत्पन्न करें तो कल-परसों तक बिल्लू और साथियों को भी किसी विशेष षडयन्त्र का आरोप लगाकर अपने कब्जे में रख लीजिएगा। मेरे कस्बे में हर हालात में शांति रहनी चाहिए।"

गृह राज्यमंत्री की झंडेदार गाड़ी नायब कप्तान और दूसरे पुलिसमैनों के सैल्यूट लेकर चली गई।

राजधानी से आए हुए और कस्बे के छात्रों का बिखरा-बिखरा जुलूस फिर सड़क के खास बाज़ारों से पूंजीपतियों के प्रति क्रोध भरे नारे लगाता गुज़र गया। बाज़ार पहले से ही बन्द था। धनिकों के मोहल्ले पुलिस के दलों से भरे हुए थे। यहां तक कि आसपास की छतों पर नज़र रखने के लिए कुछ हथियारबन्द पुलिस वाले कई छतों पर टहल रहे थे। सारा कस्बा रात के मरघट की तरह सुनसान लग रहा था। सड़कें, गलियां सब सुनसान। बाज़ार में पुलिस की गश्त। गरीब घरों में धनिकों के अनाचारों के लिए गालियां। हाय बेचारा जवान पति-पत्नी का जोड़ा!

बिल्लू और उसके साथी जिस समय सरसुतिया की माता के घर में उन्हें सांत्वना दे रहे थे, बहुत-से नाते-रिश्तेदारों की हाय-हाय भरी भीड़ घर-बाहर भरी हुई थी। तभी अचानक छिद्दा अहीर भीड़ में धंसता हुआ आया। कुछ लोग उसे पहचानते थे। कुछ देखते ही कांप गए, छिद्दा सरसुतिया के बाप के पास आया और उसके कन्धे पर हाथ रखकर कहा, "घबराना मत, आज से परसों तलक के बीच में चुन्नी और उसके लड़के से बदला ले लिया जाएगा। मैं शिउदयाल को भी बचन देकर आ रहा हूं। इस बखत अहीर-पासी सब एक हैं।"

बिल्लू ने उठकर छिद्दा को गले से लगा लिया और कहा, "अहीर-पासी ही नहीं सारे गरीब एक हैं।" बात छिपी न रह सकी। पुलिस तक सूचना पहुंच गई। सतसाईं प्रसाद उर्फ बिल्लू श्रीवास्तव, बलराज चौहान, हरमुख यादव, रमेश गुप्त और अब्दुल सत्तार अब इन पांचों की गिरफ्तारी

के वारण्ट जारी कर दिए गए। संयोग से पुलिस के आने के लगभग पन्द्रह-बीस मिनट पहले ही सत्तार के पिता अवकाश प्राप्त हवलदार अब्दुल गफ्फार हांफते-भागते हुए बिल्लू के कमरे पर पहुंचे और भीतर पहुंचते ही गरजना शुरू किया, "साले हरामियो, शरीफ मां-बाप की औलाद हो और डाकुओं से मिलते हो, नालायको। जल्दी से भागो। पुलिस तुम्हें गिरफ्तार करने आ रही है। भागो यहां से जल्दी।"

पांचों युवकों में सनसनी फैल गई। बिल्लू ने अधेड़ गफ्फार मियां के पांव छुए और कहा, "आपने मौके से खबर दे दी। अब पुलिस हमारा कुछ न बिगाड़ सकेगी। साइकिलें उठाओ यारो।"

पांच मिनट में ही चारों साइकिलें पकरिया टोले की गली से निकलीं और ये जा, वो जा। पुलिस जब पहुंची तो शिकार गायब हो चुके थे। रईस मोहल्लों में, खास तौर से सेठ चुन्नीलाल की कोठी पर पहरा और बढ़ा दिया गया था। साठ-सत्तर हज़ार की आबादी के कस्बे में बिजली की तरह यह सूचना फैल गई। रात में कस्बे के अहीर पाड़े पर अचानक आक्रमण हुआ। घरों के दरवाज़े मशालों की आग से जल उठे। सुहागी के पिता शिउदयाल, उसकी माता और छोटी बहन तीनों ही की हत्या कर दी गई। साफे से मुंह ढके हुए लुटेरों में से एक व्यक्ति बार-बार यह कहता था कि 'सालो अगर किसी की सांस भी सुनाई दी तो फिर देख लेना।'

जलते हुए मकानों को छोड़कर अहीर पाड़े की भीड़ बाहर मैदान में ठिठुरी हुई एक जगह खड़ी हुई थी। इस धमकी के बावजूद भी तब कुछ बेबस चीत्कारें निकल ही गईं। जब लुटेरों ने जवान स्त्रियों का सार्वजनिक अपमान करना शुरू किया, कुछ अहीरों का शौर्य फिर से लौट आया। एक डाकू दो व्यक्तियों की पकड़ाई में आ गया लेकिन दूसरे ही क्षण वे दोनों व्यक्ति गोलियों के शिकार हो गए। डाकू भाग गए।

दूसरे दिन कस्बे में और अधिक सनसनाहट फैल गई थी और रात कटारीपुर के पासियों पर छिद्दा अहीर के गिरोह का आक्रमण हुआ। वहां शीघ्र पुलिस पहुंचने की संभावना नहीं थी इसलिए पूर्ण स्वतंत्रतापूर्वक हत्यायें, अनाचार और अत्याचार हुए। कटारीपुर के भूतपूर्व ज़मींदार ठाकुर रिपुदमनसिंह अपनी बन्दूक लेकर अपने घर के ऊपर वाले छज्जे पर खड़े थे। डाकू उधर ही से भागे। रिपुदमन ने गोली चलाई। एक की बांह घायल हुई और दूसरे ही क्षण रिपुदमन अपनी बन्दूक सहित छज्जे से

नीचे लाश बनकर गिर पड़े।

मामला भारत व्यापी प्रचार पा गया। मुख्यमंत्री, गृहमंत्री राज्य-गृहमंत्री और पुलिस वालों के चींटी दल सी भीड़ कस्बे और कट्टारीपुर में भर गई। न छिद्दा अहीर और न पांचों युवक।

कस्बे से आठ कोस दूर लालपुर गांव की टूटी मस्जिद में पांचों युवक बैठे थे। सुहागी और सरसुतिया के परिवारों की हत्यायें उन्हें गुस्से से भर रही थीं। बिल्लू बोला, "इतने बेगुनाह मारे गए पर वह हरामी का पिल्ला स्वतंत्र कुमार अभी तक जीवित है। उसे मारे बिना मुझे चैन नहीं मिलेगा।"

सत्तार बोला, "मैं खुद भी यही सोच रहा था।"

हरसुख ने कहा, "जब तक स्वतंत्र कुमार अण्डरग्राउण्ड रहेगा, हम लोग कुछ न कर सकेंगे। और तब तक पुलिस हमें गिरफ्तार भी कर चुकी होगी।"

"ऐसी-तैसी सालों की। पुलिस की सात पुश्तें भी हमारा पता न पा सकेंगी। लेकिन बबलू साले की गद्दारी भी मैं नहीं भूलूंगा। मुख में राम बगल में छुरी।" चौहान बोला।

हरसुख बोला, "अरे यार, ये लोग पूंजीपति समाजवादी हैं···पूंजी पहले, समाज बाद में। हमें यदि कुछ करना ही है तो इनको पोषण करने वाली व्यवस्था को बदलना होगा।" बात के प्रभाव से सब लोग कुछ क्षण स्तब्ध रहे, फिर रमेश बोला, "यार खाने-पीने का क्या डौल लगेगा?"

गम्भीर मुद्रा में कुछ सोचते हुए बिल्लू ने एकाएक रमेश की ओर देखा और हंस पड़ा। "तुम्हारी इस यथार्थवादी समस्या पर विचार करना ही होगा। मैं समझता हूं एक साइकिल बेच दी जाए। कम से कम चार-छः दिन ब्रेड, चने, चाय और बीड़ियों से गुजारा चल जाएगा।"

सत्तार बोला, "एक नहीं दो बिकेंगी। मैं रामगंज के एक लोहार को जानता हूं। एक दिन बातों-बातों में ही अब्बा से सुना था कि वह कट्टे बनाता है और बेचता है।"

"अबे साले मुश्किल में चालीस-पचास रुपये में तो ये हमारी सेकेण्ड-हैण्ड साइकिलें बिकेंगी। कट्टे क्या आसानी से आ जाएंगे?"

हरसुख की बात पर चौहान ने तड़ से उत्तर दिया, "बेच दो साली सब साइकिलें। कट्टों की सख्त जरूरत है। स्वतंत्र कुमार की जान लिए बगैर मुझे चैन नही आएगा।"

दूर-पास की बहुत-सी बातें सोच लेने के बाद तीन साइकिलें ही बेचीं गईं, एक रोक ली गई।

आज यह खंडहर तो कल वह। शाम होते ही जगह बदल जाती है। जवानों को चाय पीते हुए चार दिन हो गए थे। बीड़ियां भी खत्म हो चली थीं। उनके टुन्ने बचाकर रख लिए जाते और फिर तलब के वक्त एक ही कश में वह तलब भी राख हो जाती। कट्टे तो आ गए मगर गोलियों के लिए पैसे कहां से आएं। अभी तो निशाना सीखना है, गोलियां छोड़ते वक्त हाथ का झटका बर्दाश्त करने की आदत डालनी है। रात में बिल्लू साइकिल पर कस्बे के चक्कर लगाता, किसी भरोसे के दोस्त का दरवाज़ा खटखटाता और स्वतंत्र कुमार के लौट आने की खबर के सम्बन्ध में टोह लगाता था। एक दिन पता लगा कि स्वतंत्र कुमार शहर ही में है लेकिन अपनी हवेली से बाहर नहीं निकलता। चुन्नीलाल की हवेली का पुराना नक्काशीदार फाटक इतना विरूप हो गया था कि नये सिरे से जंगलेदार फाटक लगाना पड़ा और उसके पीछे शटर लगाना पड़ा। जब तक फाटक सुव्यवस्थित न हुए तब तक आठ बन्दूकधारी पुलिसमैनों की दामाद की तरह खातिरें होती रहीं। चुन्नीलाल की हवेली में घुसना मुश्किल था। कटारीपुर का गोदाम खाली हो चुका था और नई सरकार ने पुराने कलंक पर पर्दा डालने के लिए गोदाम के खंडहरों में फिर मिट्टी कुटवाकर मास्टर प्लान की सड़क को कटारीपुर के आगे लालगंज और फुलियामऊ तक श्रमदान से बनवाने का लग्गा लगवा दिया।

रोज शरणस्थलियां बदलते हुए बिल्लू और उसके साथी गुलनारपुर की हद पर आ पहुंचे। अपने ज़िले से निकल चुके थे। यहां से कस्बे या राजधानी जाना अधिक श्रमसाध्य था। इन पांचों लोगों को लुकते-छिपते और भागते अब बारह दिन बीत चुके थे। लइया-चने या सत्तू सान-सान कर खाते हुए अब पांचों बोर हो उठे थे। चाय-बीड़ी की तलब भी सता-सता मारती थी। गुलनारपुर के पास से ही रेल लाइन गुज़रती थी। किनारे एक टूटा हुआ परित्यक्त रेलवे क्वार्टर नई शरणस्थली की तरह ढूंढ़ा गया। कोठरी का फर्श पक्का था मगर उसके दो कोनों पर बड़े-बड़े बिल नज़र आ रहे थे। छोटी मोमबत्ती के सहारे मुआयना करते हुए जब बिलों पर नज़र गई तो सत्तार बोला, "यार, बाहर से मिट्टी के ढेले लाकर इन्हें भर देना चाहिए। हो सकता है इन्हें कभी चूहों ने खोदा हो और अब सांप रहते हों, कहकर सत्तार मोमबत्ती लिए हुए बाहर पड़े गुम्मों

के टूटे टुकड़े बटोरने लगा। बिल्लू यह ठिकाना देखने के बाद तुरन्त ही साइकिल पर अपने कस्बे की ओर दौड़ पड़ा था। फुलियामऊ के छोड़े हुए मन्दिर में आग की ऐसी लपटें उठ रही थीं जैसे चूल्हा जल रहा हो। दो एक छायाएं भी शिवालय में इधर-उधर टहलती हुई दिखलाई दीं। बिल्लू की उत्सुकता बढ़ गई। शिवालय के चबूतरे से साइकिल टिकाकर सीढ़ियां चढ़ा। आड़ में छिपकर मन्दिर के भीतर ताक-झांक करने लगा। पीछे गर्दन पर सख्त हाथ पड़ा, "कौन है बे ?"

आवाज़ ने सारा भय दूर कर दिया। "छिद्दा जी आप। मैं बिल्लू हूं।"

"अरे भैया, खूब मिले।" छिद्दा की आवाज़ इतनी जोर की थी कि मूर्ति-विहीन शिवालय के भीतर बैठे लोग उठकर बाहर आ गए। छिद्दा ने एक से कहा, "कलुये।"

"हां दादा।"

"चबूतरे के नीचे भैया की साइकिल खड़ी है, उठाकर छिपा दे। आओ बिल्लू भैया, अंदर आओ।" दोनों शिवालय के खंडहर में गए। बिल्लू को बैठाते हुए छिद्दा ने कहा, "हम बड़े परेशान रहे कि तुम लोग आखिर कहां गैब हुइ गए।"

बिल्लू ने सारी कथा क्रम से सुनाई।---कल रात वह भी इसी खंडहर शिवालय में छिपे थे। तीन साइकिलें बेच दीं जिसमें दो कट्टे आए और कुछ चना-चबेना इकट्ठा हुआ।"

"कट्टे क्यों खरीदे विल्लू भैया ?"

"जिसके कारण इतना बडा हत्या काण्ड हो गया उस स्वतंत्र कुमार को अपने हाथों से मारूंगा, छिद्दा जी।" विल्लू बड़े तैश से बोला।

छिद्दा ने उतनी ही ठण्डी आवाज़ में प्रश्न किया, "तो अब तक मारा क्यों नहीं ?"

"छः गोलियां हमारे पास हैं और परसों ही कस्बे से खबर लाया हूं कि अभी चुन्नी की हवेली पर आठ-दस पुलिसमैनों का पहरा लगा है।"

छिद्दा एक ठण्डी सांस छोड़कर बोला, "मैंने परन किया था बिल्लू भैया कि चार दिन में साले बाप-बेटों को इस दुनिया से उठा दूंगा। लेकिन अभी तक जुगाड़ नहीं बैठा पाया। तुम लोगों में हौसला ज़रूर है मगर यह काम तुम्हारे बस का नहीं, हम ही करेंगे।"

"हम क्यों नहीं कर सकते ?"

"सेर की मांद में घुसकर सेर को मारना है। पहले निसानेबाजी सीख लेओ। कहां हैं तुम्हारे साथी ?"

"गुलनारपुर में एक उजड़े हुए रेलवे क्वार्टर में रात का डेरा डाला है। अब तो घर से चालीस किलोमीटर दूर हैं हम लोग। रोज़-रोज़ कस्बे तक टोह लाने में भी अब मुश्किल हो गई है। कल हम लोगों ने इस गांव में पुलिस का दस्ता देखा था।"

छिद्दा हंस पड़ा, "अरे यार, सब अपने ही आदमी पलिस की वर्दी में हैं। तुम चकमा खा गए। खैर, आज तो मज़े से गरमागरम रोटी-दाल खाओ। तुम्हारे साथियों को भी बुलवाए लेता हूं। जब तक चुन्नी और स्वतंत्र कुमार मारे नहीं जाते तब तक तुम हमारे साथ ही रहो। खाओ-पीओ और मौज करो।"

छिद्दा के तीन साइकिलधारी साथी बिल्लू के मित्रों को लानेके लिए गुलनारपुर चल पड़े।

बारह

छिद्दा के दल के साथ दाल, रोटी, बकरा, साग और मलाई पड़ा अध-औटा दूध पीते हुए तीन दिन बीत गए। बीरापुर का जंगल पास ही था। तीसरे पहर छिद्दा उन्हें अपने साथ ले जाता और निशानेबाज़ी सिखलाता था। उसके भेदिये कस्बे में दिन-रात चुन्नी सेठ की हवेली पर बराबर निगाह रखते और टोह लेते रहते थे। ऊपर के छज्जे पर अकड़ कर सिगरेट पीते हुए स्वतंत्र कुमार को मंगू ने एक दिन देख लिया। हवेली में नगेसरा नामक एक नौकर का अनाथ लड़का काम करता था। मंगू ने उसे परचा लिया था। पहली मंजिल में क्या है, दूसरी और तीसरी में कौन रहता है, यह सब ठिकाना भी लग गया। एक दिन थाने से टोह मिली कि भूतपूर्व मंत्री महेशनाथ सिंह के साले का लड़का इंस्पेक्टर जगदेव सिंह आज शाम से अपनी टुकड़ी के साथ चुन्नी सेठ की खुली हवेली का पहरा देने जाएगा। सुनते ही छिद्दा के मन-प्राणों में पंख उग आए। टोह लगाई, जगदेव की मुट्ठी गरम की, मंत्री फूफा की पराजय का बदला लेने के लिए जगदेव का सिंहत्व भी पैसों की गरमी से गरमा उठा। सब तय हो गया। छिद्दा का गिरोह रात के ग्यारह बजे पुलिस की वर्दियों में हवेली पर पहुंचेगा और जगदेव को खुले आम यह खबर देगा कि अभी-अभी यहां छिद्दा के धावा बोलने की खबर मिली है। जगदेव सिंह थाने का जाली रवन्ना पढ़कर उन्हें भीतर जाने देगा। लूट के माल में भी पुलिस की हिस्सेदारी तय हो गई। एक तो वर्दियां अधिक नहीं थीं दूसरे नौसिखिये बाबुओं को लेकर जाना उचित नहीं था। इसलिए छिद्दा ने बिल्लू और उसके साथियों को वहीं रहने के लिए कहा, "दो-ढाई बजे तलक लौट आएंगे। फिर रातोंरात अड्डा बदलना है।"

काम सब कायदे से हुए लेकिन बाज़ी उलट गई। राजधानी से आए हुए जासूसों को समय से कुछ पहले ही टोह लग गई थी। नायब पुलिस कप्तान खुद पुलिस के एक बड़े दल का नेतृत्व करते हुए चुन्नी की कोठी

की ओर चल पड़े। छिद्दा का गिरोह पहुंचा। हवेली के भीतर भी चला गया। तब तक नायब कप्तान अपने दल के साथ पहुंच गए। दसों पहरेदारों से कुछ लोगों ने राइफलें छीनीं और सीधे भीतर चले गए। छिद्दा का आधा गिरोह ऊपर की सीढ़ियों पर चढ़ चुका था, आधा नीचे था। पुलिस की भारी भीड़ को अंदर आते देखकर एक चिल्लाया, "होसियार।" देशी बन्दूक भी दाग दी। पुलिस ने भी फायरिंग शुरू कर दी। नीचे वाले पांचों डाकू भुन गए। नायब कप्तान साहब का आर्डर गरजा, "छिद्दा, तुम्हारा खेल खत्म हो चुका है, सरेण्डर करो।"

ऊपर की मंजिल के बन्द दरवाज़े पर अभी एक भी कुल्हाड़ा न पड़ सका था और नीचे आंगन में पुलिस भरी हुई थी और छिद्दा के साथियों की लाशें पड़ी थीं। सब डाकू सीढ़ियों से उतरने लगे परन्तु छिद्दा ने अपने आपको सरेण्डर करने के बजाय कनपटी पर पिस्तौल रखकर मौत के हवाले कर दिया। ऊपर के सोये हुए लोग पहले ही जाग उठे थे। आसपास के महल्लों के घरों में भी जाग हो चुकी थी। बन्द घरों की खुली खिड़कियों में 'क्या हुआ, क्या हुआ' की कौआ रोर मची थी। थोड़ी ही देर में चारों ओर खबर फैल गई कि चुन्नीलाल सेठ की हवेली में डाका पड़ा किन्तु डाकू पकड़े गए और छिद्दा मारा गया। चक्रपाणि चौबे की मोपेड मोटर साइकिल भी अपने पत्र मालिक के रिश्तेदार की हवेली पर जा पहुंची।

दूसरे दिन दैनिक 'आजकल' में इस काण्ड की बड़ी विस्तार से चर्चा की गई थी। गद्दार पुलिसमैनों में एक भूतपूर्व मंत्री का रिश्तेदार भी पकड़ा गया है। उधर सबेरा होने पर बिल्लू और उसके साथी बड़े परेशान थे। छिद्दा तो रात ही में आने को कह गया था। क्या हुआ जो ये लोग अब तक नहीं आ सके? खाने-पीने का सामान, कुछ कपड़े लत्ते के ट्रंक अभी वहीं पड़े थे। तय हुआ कि बाकी लोग बीरापुर के जंगल में पोखर के पास जाकर कहीं अपना पड़ाव डालें। खाने-पीने का थोड़ा-सा सामान साथ लेकर तीन साथी बीरापुर गए और बिल्लू साइकिल पर छछून्दर की तरह छिपता हुआ कस्बे की ओर चला। रौनकपुर गांव में पहुंचते ही खबर लग गई कि छिद्दा और उसके कई साथी मर गए, कुछ पकड़ाई में भी आए हैं। कस्बे में बड़ा हल्ला मचा हुआ है। थाने के सामने छिद्दा और उसके साथियों की प्रदर्शित लाशों को देखने के लिए भीड़ उमड़ पड़ी है। एक दूसरे से कह रहा था, "चलो हमहू देखि आई, जिनकै नाम सुनि कै पवन कांपि जात रहै ऊ सार कैसे मरे, चलो देखि आई।...

"हम न जाब भाई, पांच कोस धरती नापौ और मरे मुरदन कै मुंह निहारौ। ई ठलुआई हमते न होई।"

बिल्लू का मन, भावबुद्धि, विचार, सबसे एकाएक सूना हो गया। साइकिल पगडण्डी की लीक-लीक आगे छोड़ती चली गई। तहसीनगंज की भीड़ को देखकर होश आया कि आज बाज़ार का दिन है। वहीं एक हॉकर से उसने दैनिक 'आजकल' खरीदा। सन्नाटे में बैठकर पढ़ा। मुंह से एक आह निकल गई। कुछ क्षण स्तब्धावस्था में रहे फिर उसकी साइकिल सनसनाती हुई बीरापुर की ओर दौड़ चली।

उस समय सूरज सिर पर आ पहुंचा था। जंगल में पोखर के पास चारों साथी मिल गए। रमेश खिचड़ी खा रहा था। सत्तार, चौहान और हरसुख खाना खाकर आराम से लेटे-लेटे सिगरेटें पी रहे थे।

बिल्लू को देखते ही सत्तार ने कहा, "अमां आ गए चड्डागुलखैरू? अमां क्या हुआ, चेहरे का बल्ब फ्यूज़ क्यों हो गया है!"

बिल्लू ने साइकिल एक किनारे फेंकी। 'आजकल' उनके सामने फेंका और हंडिया में बची-खुची खिचड़ी को पत्तल पर परोसे बगैर ही गपागप खाने लगा।

उधर सत्तार और हरसुख की नज़रें 'आजकल' पर जमी हुई थीं। 'कुख्यात डकैत छिद्दा ने आत्महत्या कर ली'—शीर्षक सुनकर रमेश खाते-खाते चौंक पड़ा। पत्तल छोड़कर खबर पढ़ने के लिए उठने ही लगा था कि बिल्लू ने बांह पकड़कर फिर से बैठा दिया। "पहले खाना खाओ बाद में सोचा जाएगा।" सत्तार ज़ोर-ज़ोर से अखबार पढ़ने लगा। सब सुनते रहे। खबर के नीचे सम्पादकीय टिप्पणी थी कि डकैतों के चित्र कल के अंक में छापे जाएंगे। चुन्नीलाल सेठ को पुण्यात्मा लिखा गया था। सत्तार ने अखबार एक ओर फेंक दिया और बुझी सिगरेट फिर से जलाई। खाकर हाथ धोने के बाद बिल्लू और रमेश भी पास आकर बैठ गए। रमेश ने तो फिर से अखबार उठा लिया लेकिन बिल्लू अब्दुल सत्तार की डिबिया से सिगरेट निकालकर डिबिया पर ढक-ढक करता हुआ मुस्कराता हुआ बोला, "साले डाकुओं का माल लूट लाए हो। कितनी डिबियां हैं तुम्हारी जेब में?"

"अमां उनकी फिक्र न करो। यह बतलाओ कि अब हम लोग क्या करेंगे? हमारा ठिकाना कहां लगेगा?" चौहान ने परेशानी भरे स्वर में पूछा।

"हां यार, यही तो समस्या है । न खुदा ही मिला न विसाले सनम… ह ।"

"पुलिस के हाथों से आखिर हम लोग कहां तक बच सकेंगे । चलो, लैट अस सरेण्डर । जो सज़ा मिलेगी भुगत लेंगे । आगे देखा जाएगा ।"

हरसुख की बात पर चौहान बोला, "क्या देखा जाएगा ? हमारा फ्यूचर ही क्या रहा ! बेगुनाह बने घूम रहे हैं । भाग्य ने कहां ला पटका । जिस साले की वजह ने हमारा फ्यूचर अंधेरे में डूब गया है, जिसने सुहागी और सरस्वती-सी भली आत्माओं का नाश किया, जिसके कारण अहीरों-पासियों की बस्तियां उजड़ीं वही मूछों पर ताव दिए शान से घूम रहा है और हम निरपराध लोग सत्य का पक्ष लेने के कारण ही इधर-उधर मारे-मारे डोल रहे हैं । इन सालों का सत्यानाश हो ।"

"सत्यानाश ही नहीं साढ़े सत्यानाश हो सालों का । पर यह बतलाओ कि अब हमारा फ्यूचर प्रोग्राम क्या होना चाहिए ?"

हरसुख बोला, "छात्रों को संगठित करेंगे ।"

"इतना आसान नहीं है, हरसुख । छात्र स्वयं राजनीतिक दलों की गोटियां बने हुए हैं । कौन साथ देगा, किसपर भरोसा किया जाए ? फिर यूनिवर्सिटी साली बन्द कर दी गई है । लड़के अपने-अपने घरों में भगा दिए गए हैं । हॉस्टल खाली करा लिए गए हैं । यह देखो आज ही के पेपर में तो यह खबर भी है ।"

बिल्लू सब सुनता रहा । सिगरेट फूंकता रहा फिर एक गहरा कश खींचकर सिगरेट का टुन्ना दूर फेंकते हुए बोला, "घबरा मत, आखिरी दांव फेंकने जाता हूं । या तो आज से कल के भीतर हम आज़ाद हो जाएंगे या फिर जेलखाने में ही रोटी-दाल का प्रबन्ध हो जाएगा ।"

"क्या करोगे ?"

"बाद में बतलाऊंगा । तुम लोग भी यहां से खिसको । गुलनारपुर में पटरी के सहारे-सहारे तुम आज रात तक रसूलपुर पहुंच जाओगे । वहीं छिपने का ठिकाना कर लेना । मैं जा रहा हूं ।"

"कहां ?"

"बाद में बतलाऊंगा ।" बिल्लू ने साइकिल उठाई और चल पड़ा ।

पुलिस की नज़रों से बचने के लिए छछूंदर चाल से छिप-छिपकर चलते हुए राजधानी पहुंचना इतना दुष्कर कार्य था कि बिल्लू के दांतों पसीने आ गए । गुलनारपुर से राजधानी तक की दूरी सीधे सड़क से भी

लगभग चालीस कि० मी० थी किन्तु इस टेढ़ी-मेढ़ी चाल से आठ कि० मी० और वढ़ गई। राजधानी पहुंचते-पहुंचते शाम हो गई। नम्बर बाईस चौखम्बा रोड पहुंच गया। राज्य गृहमंत्री माननीय उत्तमसिंह राठौर उर्फ बबलू जी की कोठी पर सन्तरियों का पहरा था। बिल्लू भीतर कैसे जाए ···फिर जी कड़ा किया, सोचा, हर सिपाही मुझे थोड़े ही जानता है जो पकड़े जाने का डर हो। मगर बबलू ही यदि अपने मंत्रीपने के रौब में ही घात करें? ऊंह, करेंगे भी तो जेल भेजने से अधिक क्या कर सकेंगे। इस फरारी जीवन से तो जेल ही भली। हिम्मत कर जा बिल्लू, शान से घुस जा। जेब में रखा एक कागज़ निकालकर उसपर अपने नाम के बजाय लिखा—"संतोषी अनुज बबलू भाई की सेवा में, काम अर्जेन्ट।" पर्ची लेकर फाटक पर गया। अकड़कर पूछा, "माननीय मंत्री जी सचिवालय से आ गए?"

सिपाही अकड़कर बोला, "क्या काम है?"

"मैं उनके घर से आया हूं। उन्हींसे काम है।"

माननीय मंत्री जी के घरवाले को संतरी ने दफ्तर वाले कमरे में भेज दिया। अब निजी सचिव महोदय अकड़े, कहा, "माननीय कुंवर साहब इस समय वहुत व्यस्त हैं। आपको उनसे क्या काम है?"

बिल्लू को क्रोध तो आया किन्तु उसे दबाकर मुस्कराते हुए कहा, "मेरी यह पर्ची उन तक पहुंचा दें और फिर मुझ पर रौब दिखलाएं।"

निजी सचिव महोदय ने एक बार घूरकर बिल्लू की तरफ देखा। पर्ची रख ली और काम में लग गया। बिल्लू को बुरा लगा। तनिक तेज़ स्वर में बोला, "आप जितना भी बिलम्ब करेंगे उतना ही माननीय मंत्री जी आपके ऊपर नाराज़ होंगे, याद रखिए।"

निजी सचिव महोदय भुनभुनाते हुए उठे। पर्ची लेकर ड्राइंग रूम में चले गए। पर्ची देखकर कुंवर साहब चौंके। फिर कहा, "पीछे वाले कमरे में ले जाकर उन्हें आराम से बिठा दो। किसी नौकर से चाय वगैरह दे आने के लिए कह देना। मैं पन्द्रह-बीस मिनट में आता हूं यह उनसे कह देना।"

लगभग आधे घण्टे के बाद बबलू आए।

"तुम!"

बिल्लू ने उठकर पैर छुए और कहा, "अरेस्ट कराना चाहें तो करा सकते हैं बबलू भैया।"

"क्या बकते हो ? आराम से बैठो। यहां तुम्हें कोई अरेस्ट नहीं कर सकता, लेकिन तुम लोगों ने यह क्या तमाशा बना रखा है भाई ?"

"तमाशे की बात तो चुन्नी या स्वतंत्र कुमार से पूछनी चाहिए बबलू भैया। जिन्होंने हमें फरार बनाकर इतने दिनों में तरह-तरह की यातनाएं भोगवा दीं।"

बबलू राठौर ने कोई उत्तर न दिया। जेब से एक सिगरेट निकाली, उसे होंठों में दबाकर फिर पूछा, "खाना वगैरह खा चुके हो कि नहीं ?"

"जी, कल रात अवश्य खाया था। सुबह एक प्याला चाय पीकर चला था। रास्ते में मोतीपुर आकर एक प्याला और पिया और अब भूख और थकान के मारे..."

"अरे मंगरु", माननीय मंत्री जी ने आवाज़ दी, "भैया के लिए नाश्ता लाओ। और देखो, मेरी एक बनियान और लुंगी भी इनके वास्ते लाकर दो। (बिल्लू से) तुम पहले नहा-धोकर फ्रेश हो जाओ तब बातें करेंगे..." कहकर माननीय राज्य गृह मंत्री उठ खड़े हुए। दरवाजे तक पहुंच कर एक बार फिर मुड़े, पूछा, "संतोषी कब तक लौट रहे हैं ?"

बिल्लू ने हंसकर कहा, "आप बड़े गलत आदमी से पूछ रहे हैं बबलू भैया।" बबलू भैया मुस्कराकर चले गए।

हाथ-मुंह धोके कपड़े बदले, चाय पी, नाश्ता किया और सिगरेट मुंह में दबाकर भविष्य की चिन्ता को धुएं की तरह अपनी मन:दृष्टि के सामने फैलाने लगा। थोड़ी देर में भाभी साहिबा आईं। उनके हाथों में खादी की एक रेशमी बुशर्ट और पतलून थी। बिल्लू अदब से खड़ा हो गया। पांव छुए। भाभी ने कहा, "कैसे हैं बिल्लू लाला ?"

"फिलहाल तो फरार हूं और माननीय राज्य गृहमंत्री के घर में इस समय छिपा हुआ हूं।"

सुनकर भाभी मुस्कराईं। कहा, "अब यहां से आज़ाद होकर ही जाएंगे आप। मैंने आपके भैया को अल्टीमेटम दे दिया है। ये कपड़े रखे जाती हूं। अपने पुराने कपड़े दे दीजिए लाला।"

"क्यों ?"

"देवरों की क्यों का जवाब भाभियां नहीं दिया करतीं। आपके नाप के कपड़े मंगवाने हैं। संतोषी भैया कब आएंगे ?"

"जो जवाब मैंने अभी थोड़ी देर पहले बबलू भैया को दिया था वही आपको भी देने से काम चल जाएगा ?"

भाभी कुर्सी पर बैठ गईं। कहा, "मैं समझ गई आप यही कहेंगे कि मैं क्या जानूं मैं तो फरार हूं।"

भाभी की हल्की हंसी में देवर की मुस्कराहट घुल गई। श्रीमती उत्तमसिंह ने कुछ रुककर फिर कहा, "उस औरत के मारे जाने का मुझे भी बहुत दुख है। सी० आई० डी० वाले जांच भी कर रहे हैं।"

"जांच करके भी क्या होगा भाभी ? अपराधी इतना शक्तिशाली है कि कभी पकड़ा न जा सकेगा।"

"वह पकड़ा जाएगा। मैंने आपके भैया से बहुत पहले ही यह साफ-साफ कह दिया है कि स्त्रियों के लिए मैं भी न्याय मांगूंगी।"

"मैं जानता हूं कि भैया पर आपका कितना प्रभाव है। मगर मैं यह भी जानता हूं कि बड़े राजनेताओं का प्रभाव आपसे भी अधिक शक्तिशाली है।"

भाभी चुप हो गई। एक ठंडी सांस छोड़ी फिर कहा, "आपके भैया घण्टे भर के लिए बाहर गए हैं। आप कहेंगे तो मैं आपका खाना पहले लगवा दूंगी।"

"मुझे जल्दी नहीं है। साथ ही खाएंगे। भैया से बातें करनी हैं। हो सके तो मुझे पढ़ने के लिए कोई किताब या पत्र-पत्रिका भिजवा दीजिए।"

भैया लगभग साढ़े नौ बजे आए। दस मिनट बाद बिल्लू के कमरे में कदम रखा। कहा, "तुमको काफी देर भूखे रहना पड़ा।"

"मुझे रोटी से ज़्यादा आपसे बातें करने की भूख सता रही है।"

"वह भूख भी शांत होगी। चलो पहले खाना खा लें। बड़ी भूख लगी है। आज सब बाहर वाले टाल दिए गए हैं। बस मैं, तुम और तुम्हारी भाभी।"

"तब तो लुंगी-बनियान की इस राजसी वेशभूषा में चलूंगा।"

भोजन के समय बात श्रीमती बबलू ने ही चलाई। पूछा, "एक भाई गृहमंत्री और दूसरा अपराधी। अच्छा व्यंग्य है। मैं आपके इन भैयाजी से भी कह चुकी हूं कि अगर संतोषी भैया न होते तो यह इलैक्शन जीत न सकते थे।"

बबलू बोले, "मैं इससे इन्कार नहीं करता और मुझे सचमुच बहुत दुःख है कि तुम लोगों के खिलाफ वारण्ट जारी करवाना पड़ा। मैं शर्म के मारे गुरसरन चाचा को मुंह नहीं दिखा सकता।"

खाते-खाते बिल्लू बोला, "भाभी की स्पष्टवादिता का अनुकरण

उनका देवर भी करेगा, बबलू भैया। आप कल मुझे छुड़वाएंगे और परसों गिरफ्तार करवा लेंगे। राजनीति भला किसकी सगी होती है।"

बबलू कुछ न बोले। बिल्लू ने बात आगे बढ़ाई, "पहले सिद्धान्त और उद्देश्य स्वार्थ थे अब सत्ता और अर्थ स्वार्थ है। पहले इमर्जेंसी का समय देखा फिर चार घोड़ों वाली जनताई बग्घी की सवारी देखी, अब यह समाजवादी लोकतंत्र भी देख रहा हूं। समय की हवा का हर झोंका ज़हर भरा है। जीने के लिए कहीं से भी आस्था नहीं मिलती।"

बबलू चुप रहे। श्रीमती बबलू ने एक बार पति की ओर देखा कि शायद कुछ कहें पर वे मौन निवाला तोड़ते रहे। बिल्लू अपने जोश में था, कहता ही चला गया, "आप ज़िंदगी की असलियत को झूठे-सच्चे दलगत नारों से बहलाकर हमको, यानी सारे देश को कब तक धोखा देते रहेंगे?"

अब बबलू मंत्री तेज़ हुए। कहा, "खाली बातों से काम नहीं चलेगा बिल्लू। हमको अस्तित्व की रक्षा के लिए कभी-कभी झूठ का भी सहारा लेना पड़ता है। लेकिन वह झूठ झूठ नहीं, नीति होता है। क्या समझते हो कि हमारी ही पार्टी अकेली झूठी है और दूसरे सच्चे हैं?"

"मैंने यह कभी नहीं कहा, बल्कि मैं तो कह चुका, मुझे आज देश के किसी राजनीतिक दल पर विश्वास नहीं। सबकी राजनीति आज जनता का दुःख भुनाने पर आमादा है, उन्हें दूर करने के लिए कोई भी प्रयत्नशील नहीं। दुग्धालय के साईन बोर्ड सामने टांग कर सभी ने अपने-अपने शराबखाने खोल रखे हैं।"

"तो इसका सारा दोष तुम केवल मेरी ही पार्टी पर क्यों थोपते हो? क्या (तुम सोचते हो कि) दूसरी पार्टियां चोर-डकैतों और ऐसी ही बुरी संगतों से जुड़कर अपनी गोटी सर कर लें और हम सत्यवादी हरिश्चन्द्र बनकर त्याग-तपस्या की ढोलक बजाएं? मैं पूछता हूं कि दबे-कुचले वर्ग की औरतों पर यह बलात्कार कब नहीं हुए? यह अन्याय क्या आज ही हो रहा है? दरअसल दूसरी पार्टियों वाले पेपर पब्लिसिटी कर-करके हमारी इमेज बिगाड़ रहे हैं।" जब बबलू मंत्री जोश में देर तक बोलते ही चले गए तब बिल्लू का जोश भी गर्माया और जल्दी-ज़ल्दी निवाले निगलने लगा। गोया प्लेट में परोसे हुए सारे 'भ्रष्टाचार' की सफाई कर रहा हो। जब वह चुप हुए तो चटनी चाट कर कुंवरानी साहबा की तरफ देखकर बोला, "भाभी, आप ईश्वर को मानती हैं या नहीं?"

"क्या मैं हिन्दू नहीं हूं जो न मानूंगी?"

"ईश्वर केवल हिन्दुओं का ही नहीं सबका है?"

"बिल्कुल ठीक, मगर तुम कहना क्या चाहते हो?"

"केवल इतना ही कि हमारी संस्कारगत मान्यताओं के अनुसार हमें किए का दण्ड भुगतना पड़ता है। सरसुतिया और सुहागी की आत्माएं आप से अपना हिसाब भी मांगेंगी। उन्हें किसी पार्टी से मतलब नहीं। वह आपसे पूछेंगे कि माननीय मंत्री जी, आपके चुनाव क्षेत्र में दो निरपराधों की जानें क्यों ली गईं?"

कुंवरानी साहवा की ठकुरैती अहंता सतीत्व की अग्निमणि का मुकुट धारण कर बोल उठी, "बिल्लू लाला, ये तो नेता आदमी हैं, जवाब न देंगे मगर मैं पन्द्रह-बीस हज़ार खर्च करने को तैयार हूं। आप एक अच्छा-सा स्मारक बनवाइए, सरसुतिया-सुहागी का। मैं इनकी कमाई से या पैतृक सम्पत्ति से एक कानी कौड़ी भी न लूंगी। मेरे बाप ने मुझको बहुत कुछ दे रखा है।"

बबलू पत्नी का मुंह देखते रहे, फिर उठे, पत्नी की कुर्सी के पास पहुंच, एक घुटना टेक कर दोनों जूठे हाथ ऊपर उठाकर हथेलियों के सिरे जोड़ दिए, "पाहिमाम देवी जी, शरण में आए हुए की रक्षा करो।"

कुंवरानीजी मान से हंस पड़ीं, हाथ से उनकी बांह को हल्का-सा धक्का देकर कुर्सी से उठते हुए कहा, "शरणार्थी को अपनी नेकनीयती का सबूत देना होगा।"

"मैं बिना मांगे ही यह वचन देता हूं कि कल तुम्हारे देवर और उसके साथियों का वारण्ट वापस ले लिया जाएगा।"

"इसके साथ ही आपको स्मारक के लिए ज़मीन भी अलाट करवानी होगी।"

"इसका उपाय भी बतलाता हूं। आज़ाद होते ही बिल्लू यह घोषणा करेगा कि हम प्रेमी युगल का स्मारक बनवाएंगे। दूसरे दिन फिर यह घोषणा भी इसी की तरफ से प्रसारित की जाएगी कि श्रीमती मंजुला उत्तमसिंह ने स्मारक बनवाने के लिए निजी रूप से पूरा खर्च देने की उदारता दिखलाई है।"

बिल्लू मुस्कराकर बोला, "और यह भी घोषित कर दूं कि श्रीमती सिंह स्मारक में अपने मायके का पैसा लगाएंगी।"

तीनों हंस पड़े। बबलू बोले, "अरे इनके मायके का पैसा भी तो मेरी ससुराल का ही है।" जब माननीय मंत्रीजी हाथ धो रहे थे तब हाथ धोने

के लिए पीछे खड़े बिल्लू ने कहा, "यह स्मारक आपके भावी इलैक्शन के लिए मुनाफा बन जाएगा। पालिटिशियन हर काम में मुनाफा देख लेता है।"

बबलू वाश बेसिन से हटकर हैंगर पर लटका तौलिया उतारते हुए मुस्कराए, फिर कुछ रुककर गंभीर स्वर में कहा, "राजनीति वेश्या का प्रेम नाटक भर हो गई है···लेकिन भाई—अब तो मेरी गति सांप-छछुंदर केरी। जाओ, आराम करो। तुम्हारे दूसरे साथी इस समय कहां होंगे?"

"मैं उनसे कह के चला था कि रसूलपुर में कहीं रात बिताना। मैं सोचता हूं, इसी समय चला जाऊं।"

बबलू मंत्री से अधिक बड़े भाई के रौब से बोले, "जाइए, आराम कीजिए। सुबह पांच बजे मेरी कार तुम्हें रसूलपुर पहुंचा देगी। दो घण्टे वहीं रुककर आप लोग चलिएगा। तब तक वारण्ट वापस ले लिए जाएंगे।"

पड़े-पड़े बिल्लू सोचता रहा, क्या यही है स्वतंत्र भारत का मन्तव्य। हवेली की दीवालें नींव से लेकर ऊपर तक चिटक चुकी हैं। दरारें बढ़ती जा रही हैं। इस खस्ता इमारत को पूरी तरह से गिराकर नई बनाने का काम तो नहीं हो रहा, बस उन दरारों पर हल्का पलस्तर चढ़ाकर ढांकने का प्रयत्न किया जा रहा है। राजनीति का सत्य चुनाव के वोटों तक सीमित हो गया है—चोर से हां और शाह से भी हां। तुम अपना स्वार्थ पूरा करो और मैं अपना। क्या यही है स्वस्थ समाज के निर्माण का स्वरूप। आखिर कहां जाएगा यह भारतीय समाज? क्या हालत होगी हमारी? सोचते-सोचते बिल्लू के सामने एक विराट शून्य समा गया। शून्य में भी किसी न किसी रूप में प्राण हलचल करते ही रहते हैं किन्तु यह शून्य तो लाशों से भरा है। कहां जाएं, क्या करें? आज़ाद हुए पर भविष्य के जटिल प्रश्न जाल में कैद हो गए···

पीड़ा भरी चिन्ताओं की सूली पर चढ़े-चढ़े ही नींद न जाने कब आ गई।

तेरह

बिल्लू और उसके साथियों के फरार हो जाने से गुरसरन बाबू दुखी तो बहुत थे किन्तु उस दुख को मिटाने के उपाय भी निरन्तर करते ही रहे। अपनी पीड़ा की आग पर वे अपनी दफ्तरी राजनीति की हंडिया चढ़ाकर उसीको पकाने में दत्तचित्त हो गए। वह और रिपोर्टर चक्रपाणि, हेल्थ अफसर और उनके गुर्गों के पीछे हाथ धोकर पड़े हुए थे। सुनन्दा तो पहले ही उनकी शरणागत हो गई थी। उसके पति भगत जी० लाल जी उर्फ श्री घूरेलाल जी अब छुटकन्नू के दफ्तर में काम करते हैं। सुनन्दा संतोषी के साथ विदेश में है। जी० लाल घर में बच्चे पालते हैं और दफ्तर में कबीर की साखियां सुनाते हैं। कल रात जब बिल्लू बबलू की कोठी में था तब भगत घूरेलाल जी ने गुरसरन बाबू के दरवाज़े की कुण्डी खटखटाई, "बाबू साहेब—बाबू साहेब।"

गुरसरन बाबू की आंख अभी थोड़ी देर पहले ही लगी थी कि पत्नी ने जगा दिया, "देखो, कौन आया है?"

गुरसरन बाबू नीचे उतरकर बैठक के दरवाज़े के पास आए, पूछा, "कौन है?"

"मैं हूं बाबू साहब, जी० लाल।"

लाइट खुली, दरवाजा खुला, जी० लाल भीतर आए और आते ही गुरसरन बाबू के चरणों पर लोट गए। रोनी आवाज में कहा, "मेरे प्राण बचाइए बाबू साहब।"

"क्यों, क्यों, क्या हुआ, क्या हुआ। भगत जी, बोलो तो।"

उंगली से आंखें पोंछते हुए घूरेलाल बोले, "क्या कहें बाबू साहब, कुछ कहा नहीं जाता। बस सतगुर साईं के सबद याद आ रहे हैं कि

गूंगा होइगा बावला, बहरा होइगा कान।
पावन ते पंगुल भया, गोयल मारा बान।

अब मैं बच नहीं पाऊंगा बाबू साहब। अब मुझे कोई बचाय नहीं सकता,

आप ही मेरे सतगुरु बने हो, शायद मेरे और मेरे बच्चों के प्रान बच जाएं।"

गुरसरन बाबू ने हाकिमाना रौब से जी० लाल का यह बावलापन रोका, कहा, "पहले बात बतलाओ जी। साखियां बाद में सुन लूंगा। गोयल ने क्या किया ?"

"अरे, अभी-अभी बंसी आया रहा।"

"कौन बंशी ?"

"वह छीपी टोले का गुण्डा है, हुज़ूर। डाक्टर गोयल ने उसे अभी-अभी भेजा था। कह गया है कि हाथ-पैर तोड़ के धर देंगे, घर में आग लगाय देंगे। बच्चों को भून-भून के क···क···क···बाब बनाय देंगे। अरे मेरा क्या होयगा नाथ ?"

"बच्चों की देखभाल के लिए, किसको छोड़ आए हो ?"

"किसको छोड़ आता, सरकार। लड़की से कह आया हूं कि दरवाज़े में ताला जड़के बैठना, मैं आपको खबर दैके आता हूं। चलके पुलिस में रिपोर्ट लिखवाय दीजिये सरकार, मेरी तो थाने में कोई सुनेगा नहीं, 'कबिरा सिरजन हार बिनु मेरा हितू न कोय' अब आप ही बचाय सकते हैं सरकार।"

गुरसरन बाबू कुछ सोचकर बोले, "चलो पहले चक्करपानी चौबे के घर चलते हैं। उसको साथ लेकर थाने चलेंगे।"

चक्रपाणि चौबे की कृपा से और दस रुपये के नोट की बदौलत थाने में गोयल के खिलाफ जी० लाल की रिपोर्ट दर्ज हो गई। यही नहीं दूसरे दिन सबेरे ही 'आजकल' में प्रकाशित होने लायक एक उम्दा खबर भी बन गई। गुरसरन बाबू दैनिक 'आजकल' की एक प्रति जेब में डालकर लखनऊ चले गए। शिक्षामंत्री के पी० ए० जगदम्बा सहाय उनके सगे फुफेरे भाई के दामाद हैं, उनसे स्वास्थ्य सचिव के पी० ए० की कुछ रिश्तेदारी है। उनसे उन्हें फोन करवा के डाक्टर गोयल की फाइल पर होने वाली कार्य-वाही के सम्बन्ध में पूछताछ की, कहा कि हमारे अंकिल-इन-लॉ बाबू गुरसरन लाल तुम्हारे पास आ रहे हैं।

वहां से गुरसरन बाबू स्वास्थ्य विभाग पहुंचे, जेब में एक डिब्बी सिगरेट और बनारसी पान वाले की दूकान से आठ पानों की पुड़िया अपने प्लास्टिक के ब्रीफकेस में रखकर लाए। जगदम्बा सहाय के रिश्तेदार यानी स्वास्थ्य सचिव के पी० ए० साहब भी गुरसरन बाबू के नामरासी थे। अंतर केवल

इतना ही था कि वे अपना नाम शुद्ध गुरशरण वर्मा लिखते थे और कहते थे। गुरसरन बाबू ने गुरशरण बाबू को पहले पानों की पुड़िया खोलकर पेश की। बात आगे बढ़ी। धीरे-धीरे पता लगा कि गुरशरण जी गुरसरन बाबू के बड़े चिरंजीव के सगे साढ़ू हैं। उनके बड़े दामाद से भी उनका संबंध निकल आया। अब बात बन गई। गुरशरण जी गुरसरन के बेटे बन गए। गुरसरन बाबू डाक्टर गोयल और नौबतराय के विरुद्ध चार्जशीट का मसौदा बनाकर लाए थे। गुरशरण वर्मा ने उसे देखा और सहमति प्रकट की। मसौदा कुछ सुधारों के बाद टाइप हुआ। कस्बे की नगरपालिका के प्रशासक के नाम स्वास्थ्य सचिव का आदेश हो गया कि डाक्टर गोयल और नौबत-राय को निलंबित कर दिया जाए। पोस्ट किए जाने वाले पत्रों की सूची में प्रशासक के नाम सचिव का आदेश-पत्र रजिस्टर करवा के गुरसरन बाबू ने उस लिफाफे को अपने ब्रीफकेस में रखा और खुशी-खुशी घर लौट आए।

घर में खुशियों के फौव्वारे छूट रहे थे। उसके छींटे तो अपनी गली में घुसते ही उनपर पड़ने लगे थे। कुण्डी खटखटाई तो बिल्लू ही द्वार खोलने आया। देखकर बाबू जी की बांछें खिल गईं। बेटे ने पांव छुए। 'मम्मी' और 'पापा' ने एक दूसरे को इतनी आनंद और गद्गद नेह भरी आंखों से देखा कि गुरसरन पापा निछावर हो गए। बेटे से सब बातें सुनीं, फिर संतोष से बोले, "आज मेरी बड़ी खुशी का दिन है। लो यह सिगरेट का पाकिट तुम्हीं रख लो, हम तो पीते नहीं। स्वास्थ्य विभाग में ले गए थे किन्तु वहां पानों से ही काम चल गया। कल साले गोयल और नौबतराय का पत्ता साफ हो जाएगा।" इतने में बिल्लू की मुक्ति पर उसे बधाई देने के लिए कुछ और लोग आ गए। बात खुशी के दूसरे रंगों में बह गई।

दूसरे दिन सबेरे दस बजे ही गुरसरन बाबू प्रशासक के दफ्तर पहुंचे। उनके पी० ए० चन्द्रप्रकाश अग्रवाल ने बड़ी आवभगत की, पूछा, "कैसे कष्ट किया, बाबू जी ?"

"अरे भाई, कस्ट-वस्ट क्या, समझ लो सोशल सर्विस ही है। कल राजधानी गया था, वहां हेल्थ सेक्रेटरी के पी० ए० हमारे एक नामरासी हैं, कुछ रिश्तेदारी भी निकल आई। कहने लगे, आर्डर्स हो गए हैं, पोस्ट करने वाला हूं। मैंने कहा, 'डिस्पैच रजिस्टर पर चढ़वा कर मुझे ही दे दीजिए, कल सवेरे ही पहुंचा दूंगा, सो यह ले आया हूं।' कहकर ब्रीफकेस से एक चिट्ठी और पानों की पुड़िया निकालकर मेज़ पर रख दी। चन्द्र-

प्रकाश मुस्कराए, पान की पुड़िया खोलते हुए कहा, "मेरी बेअदबी क्षमा कीजिए, बाबूजी। दरअसल आपको तो गुरुजी कहना चाहिए और हम सब लोगों को गुरसरन।" चन्द्रप्रकाश ठहाका लगाकर पान मुंह में रखने लगे। गुरसरन बाबू मुस्कराए।

ब्रीफकेस में हाथ डालकर एक और कागज़ निकाला और उसे चन्द्रप्रकाश के सामने रखते हुए कहा, "ड्राफ्ट बनाके ले आया हूं। देख लो और टाइप करवा के अभी प्रशासक महोदय से हस्ताक्षर करवा लो जिससे लंच के पहले ही गोयल और साले नौबतराय का मुंह काला हो जाए। गोयल से चार्ज लेने वाले का नाम मैंने छोड़ दिया है। अपने किसी भरोसे के आदमी को गोयल से चार्ज लेने के लिए भेजना। ऐसा जो साले की थोड़ी बे-आबरुई भी करे। साले ने मेरी आत्मा को बहुत-बहुत सताया है। इस कौड़ी का तीन बनाना है।" यहां भी सब काम लैस किया, फिर चक्रपाणि के घर फोन मिलाया। संयोग से वह मिल भी गए, कहा, "अरे भाई चौबे जी, तुम्हारे अखबार के लिए एक ताज़ा खबर···गोयल सस्पैण्ड हो गए, हां, और नौबतराय एस्टेब्लिशमेण्ट क्लर्क भी। हेल्थ सेक्रेटरी ने लिखा है कि भ्रष्टाचारियों को कड़ी से कड़ी सज़ा मिलनी चाहिए।" प्रशासक के दफ्तर से उतरकर गुरसरन बाबू नीचे अपने पुराने दफ्तर में आए। दफ्तर में एस० डी० शर्मा और मानस महोदधि पंडित रामखेलावन मिश्र बैठे बतिया रहे थे। डाक्टर कुलश्रेष्ठ स्टेनो की मशीन भी खटखटा रही थी। गुरसरन बाबू के दफ्तर में घुसते ही 'आइए-आइए' की धूम मच गई। वे मानस महोदधि के पास ही कुर्सी पर बैठ गए। मानस महोदधि की जांघ पर थपकी देकर पूछा, "और सुनाइए पण्डित जी, आज आप सबेरे-सबेरे दफ्तर कैसे आ गए?"

"ऐसा है बाबू जी कि मैं आज तीन रोज़ से छुट्टी पर हूं। कल और परसों कनकपुर में हमारा प्रवचन था सो वहां गए थे। सबेरे आए तो पता चला कि शर्मा जी की बेबी कल शाम जब स्कूल से आ रही थी तब स्कूटर से टक्कर लग गई। मैंने सोचा कि हाल-चाल ले आवें।"

"अरे राम-राम शर्मा जी, अब क्या हाल है उसका, कितनी बड़ी है बेबी?"

शर्माजी बोले, "चिन्ता की कोई बात नहीं, बाबूजी, भगवान ने बचा लिया। झटके से दाहिने कंधे की हड्डी उतर गई थी। एडजस्ट करवा ली। प्लास्टर चढ़वा लिया है। कुछ दिनों में ठीक हो जाएगी।"

"भगवान रक्षा करें। आजकल तो शर्माजी पूछिए ही मत, गाड़ियां ऐसे अंधाधुंध चलाई जाती हैं कि आए दिन एक्सीडेण्ट होते ही रहते हैं।"

मानस महोदधि बोले, "अजी कुछ मत पूछिए। हम तो समझते थे कि इंदिरा शासन में अनुशासन आ जाएगा पर यहां तो अभी आरम्भ से ही और भी चौपट होने लगा।"

डाक्टर कुलश्रेष्ठ श्रीमती गांधी के बड़े भक्त थे, बोले, "वे बेचारी क्या करें? जब हम-आप ही सब तरह से चौपट हो गए हैं। दरअसल ये विरोधी पार्टियां उनकी सरकार को चलने ही नहीं देना चाहतीं।"

शर्माजी बोले, "विरोध तभी होता है जब कोई न कोई कमी होती है।"

"अरे कमियां तो पचासों हैं। झंझटी नाव को खेना आसान नहीं है, शर्माजी," डाक्टर कुलश्रेष्ठ बोले।

बातों को राजनीति के चक्र से निकालने के लिए शर्माजी से गुरसरन बाबू बोले, "और सुनाइए शर्माजी, बाबू नौबतराय कहां गए?"

"वह आजकल अपने कमरे में बैठते हैं, बाबू साहब, और इस वक्त तो साहब भी आए हुए हैं···"

साहब की बात हो ही रही थी कि एकाएक उपप्रशासक महोदय श्री रासबिहारी टण्डन और उनके पीछे प्रशासक के पी० ए० बाबू चन्द्रप्रकाश ने कमरे में प्रवेश किया। सब लोग आदर से उठ खड़े हुए। हेल्थ अफसर डाक्टर गोयल के कमरे की ओर जाते हुए चन्द्रप्रकाश ने बाबू गुरसरन को आंख मारी और दोनों मुस्करा दिए। मानस महोदधि मिश्र जी की दृष्टि से ये मुस्कराहटें छिपी न रह सकीं। उनके भीतर जाने के बाद पूछा, "यह टण्डन और चन्द्रप्रकाश यहां क्यों आए हैं?"

शर्मा बोले, "पता नहीं। मगर कोई एक्स्ट्राआर्डिनरी बात है ज़रूर। अरे भाई डाक्टर कुलश्रेष्ठ, प्रश्नकुण्डली तो लगाओ।"

गुरसरन बाबू ने बीच ही में टोक दिया। "क्या प्रशन-वशन की बात करते हो यार, इतनी बड़ी ज्योतिष विद्या को इतनी छोटी-छोटी बातों के लिए तकलीफ देने की ज़रूरत ही क्या ह

"ठीक कहा। इसमें प्रश्न कुण्डली क्या करेगी शर्माजी? अब तो उत्तर कुण्डली बनाने को कहिए। प्रश्न तो···" मानस महोदधि की बात अधूरी रह गई। एच० ओ० साहब के चपरासी ने आकर शर्माजी से कहा, "टण्डन

साहब आपको याद कर रहे हैं।"

शर्माजी जल्दी से उठकर चले गए। मानस महोदधि अपनी कुर्सी गुरसरन बाबू के पास खिसका लाए और धीमे स्वर में पूछा, "गोयल क्या···?"

"सस्पेंडेड।" गुरसरन बाबू का स्वर धीमा किन्तु आंखें ज़ोर से बोल उठीं, "नौबतराय भी।"

एक गहरी सांस के साथ हुंकारी छोड़कर मानस महोदधि अपनी कुर्सी पर तन कर बैठ गए। तभी स्टेनो ज्योतिषी अपना हिसाब फैला-समेटकर प्रसन्न मुद्रा में बोले, "रिटायरमेण्ट के बाद हमारे पूज्य बाबू जी की चरण रज आज पहली बार आफिस में पड़ी है, कोई बड़ी बात तो होनी ही चाहिए। यहां हमारे मानस महोदधि जी बैठे हैं, सुंदर काण्ड की एक चौपाई याद आती है कि 'उंहा निसाचर रहहिं ससंका। जब ते जारि गयऊ कपि लंका।' चौपाई पूरी करके मानस महोदधि हंसे, फिर गुरूशरन बाबू को मीठी दृष्टि से देखते हुए कहा, "हमारे बाबू गुरसरन लाल जी की जन्म कुण्डली में शत्रुहंता योग पड़ा है, डाक्टर साहब। मैं तो पिछले बीस वर्षों से देखता चला आ रहा हूं···'वरुन कुबेर सुरेस समीरा। रन सनमुख धरि काहु न धीरा।' "

बड़े साहब के कमरे से डाक्टर गोयल सिर लटकाये बुझी लालटेन-सा मुंह लिए उपप्रशासक टण्डन जी के साथ निकले। सारा दफ्तर खड़ा हो गया। उपप्रशासक की नज़र गुरसरण बाबू पर पड़ी, मुस्कराकर पूछा, "कहिए, आप यहां कैसे?"

"जनम भर की आदत है, हुजूर। कभी-कभी पुराने मित्रों से मिलने चला आता हूं।" गुरसरन बाबू के कहते ही उपप्रशासक का साथ छोड़कर डाक्टर गोयल तेज़ी से दफ्तर के बाहर निकल गए। टण्डन साहब उत्तर सुनकर धीमी चाल से निकले। जब शेर निकल गया तो दफ्तरी चिड़ियां चहचहाने लगीं। मानस महोदधि गुरसरन बाबू की जांघ थपथपाकर बोले, "जय हो। जय हो। जय जय धुनि पूरी ब्रम्हण्डा। जय रघुवीर प्रबल भुजदंडा। (आंखें मूंदकर अपने दोनों कानों की लवें छुईं और हाथ जोड़े) अब हमारे सहयोगी हरबचन सिंह सरदारे का क्या होगा भाई। वह भी तो लिस्ट में थे। ये हमारे जनम-मरन बाबू माताप्रसाद भी थे।"

माताप्रसाद सुनकर कांप उठे। उसी समय गुरसरन बाबू कुर्सी से उठते हुए गर्वभरी वाणी में बोले, "अरे, अरे, शेर तेंदुये तो मर ही गए अब

भेड़ियों, स्यारों को भी देख लिया जाएगा। 'चलूं, ज़रा शर्माजी को बधाई और नौबतराय को बिदाई की शुभकामना देता ही आऊं।"

गुरसरन बाबू अपने पुराने कमरे की तरफ गए जहां शर्माजी नौबतराय से चार्ज ले रहे थे। उनके चले जाने के बाद मानस महोदधि ने कुर्सी छोड़कर उठते हुए एक अंगड़ाई ली, फिर कहा, "समय अब कठिन से कठिनतम आ रहा है, कुलश्रेष्ठ बाबू। सोचता हूं, प्रीमेच्योर रिटायरमेण्ट लेके घर बैठ जाऊं और श्रीराम सीरकार के ध्यान में ही समय बिताऊं। कुर्सियां अब तेज़ी से उछलेंगी। (दबे स्वर में) ये हमारे बाबू साहब, दफ्तर से गए नहीं हैं, यह समझ लो सब जने।"

"अब यहां कौन आएगा, मिश्रा जी?"

"मिश्रा यहां होतीं तो उत्तर देतीं···"

"गलती हुई महाराज, क्षमा चाहता हूं, लेकिन चलती बात को न तोड़ें। मैं समझता हूं कि मुश्ताक अहमद ही आएंगे अभी तो।"

"हां, चीफ सेनेटरी इंस्पेक्टर ही दर्जा दोयम हैं, फिलहाल वही आ सकते हैं। किन्तु अभी कुछ कहा नहीं जा सकता। आजकल राजनीति में भैया, जिसका पौवा-पसेरी बैठ जाय वही सच्चा हकदार है।"

"आपकी बात सच है। ज्योतिष के अनुसार भी सन् 85 तक तो बहुत ही कठिन समय है। बड़े-बड़े उलटफेर हो सकते हैं।"

उसी समय बाबू नौबतराय बाहर आए। चेहरा फकफकाया हुआ लेकिन ओढ़ी हुई मुस्कराहट के साथ सबको हाथ जोड़कर कहा, "अच्छा··· खुश रहो अहलेवतन हम तो सफर करते हैं।"

सब चुप रहे।

छज्जू चपरासी नौबतराय के पीछे-पीछे दस-पांच कदम गया पर उन्होंने पीछे मुड़कर भी न देखा, सर्राते हुए निकल गए। छज्जू जब लौटकर दफ्तर के कमरे में आया तो मेज़ों के बीच में खड़ा होकर नाच उठा। खिचड़ी दाढ़ी-मूंछों वाले दुबले-पतले छज्जूराम को नाचते देखकर सभी हंस पड़े। बात मज़ाक की ओर बढ़ने से पहले ही बाहर बाबू गुरसरन लाल का मंद-मंद मुस्कराता, दिप-दिप-सा चमकता हुआ भव्य मुखड़ा अपने पुराने कमरे के दरवाज़े पर झलका। कुछ-कुछ शाही कदमों की चाल से चलते हुए वे बाहर आ रहे थे। मानस मार्तंड ने नज़र पड़ते ही उन्हें अपनी जयजयकारों से लपका, "जय, जय हो। आपकी प्रबल पराक्रम की गाथा स्वर्णाक्षरों में लिखे जाने के योग्य है। वाह, वाह, क्या कहना!"

छज्जूराम ने 'घर हो,दफ्तर न हो'—ऐसे स्वर में ललकार कर कहा, "अरे मिसरा जी, आप तो खाली कथा ही बांचते हैं। मुला बाबूजी ने यहां प्रितच्छ रामलीला कर दिखलाई।" कहकर छज्जूराम गुरसरन बाबू के चरणों पर झुक गए। यह शायद पहला ही अवसर था जब मानस महोदधि उन्हें 'मिश्रा जी' कहने वाले की टांग न खींच सके। बाबू साहब की आवाज़ में अफसरी रौब झलका, चपरासी को झिड़ककर कहा, "अब तुम्हारे रिटायरमेंण्ट के दो-ही तीन बरस रह गए हैं। आदतें बदलो। तमीज़ सीखो। जाओ।"

सबसे रामाश्यामा करके दरवाज़े के पास जाकर फिर पलटे, कहा, "अरे भाईं मिसिर जी महाराज, आपके साथ जरा एक काम था।"

मानस महोदधि जूते में पैर डाल चटपट अपने कोट की सिलवटें सीधी करते हुए गुरसरन बाबू के पास आए। गुरसरन बाबू ने उनके कंधे पर हाथ रखा और दफ्तर की सीढ़ियां उतरने तक कुछ न बोले, सड़क पर आकर कहा, "गुरुजी, तुम्हारे बिजनेस की बात है।"

"आज्ञा कीजिए।"

"हांगकांग से हमारे बेटे के साथ एक वहीं के रहने वाले सिंधी और एक अमरीकी सेठ आ रहे हैं। अरबपति पार्टियां हैं। तो संतोषी ने मुझे लिखा है कि सिंधी सेठ रामलीला देखना चाहता है। उसने लिखा है कि संगीत निर्त अकादमी जाओ। मैंने सोचा, पहले आप ही से क्यों न पूंछ लूं।"

मानस महोदधि ने गंभीरतापूर्वक कहा, "जब अरबपति और विदेशी हैं तो प्रभु मूरत भी 'जाकी रही भावना जैसी' के अनुरूप होनी चाहिए। कुछ नृत्य, कुछ गान, कुछ-कुछ मुखौटों और वेशभूषा की तड़क-भड़क —मतलब यह है कि नव रस सिद्ध विलायती आरकेस्ट्रा के साथ।"

बाबू गुरसरन की बांछें खिल उठीं, बड़ी प्यार-भरी दृष्टि से उनको देखते हुए मीठे स्वर में कहा, "हमारे कस्बे के रत्न हैं आप, तिजोरी में रखने लायक।"

"हम एक ऐसे प्रदर्शन में भाग ले चुके हैं। तब खाली हमें अपने प्रवचन अंग्रेजी में बोलना पड़ा था बाकी हमारे रामायण पाठ से विदेशी बड़े प्रभावित हुए थे। खैर, रामकृपा से आपका आयोजन बड़ा सफल होगा। राजधानी में संगीत नाटक अकादमी है, म्यूजिक कालेज है, सबसे हमारा प्रेम-व्यौहार है। रुपये दस से बारह हज़ार लगेंगे।"

"ज़रा ज़्यादा है मिसिर जी।"

"अपनी दक्षिणा मैंने इसमें जोड़ी ही नहीं महाराज। अरे डांसरों, म्यूज़िशियनों, आर्केस्ट्रा, वेशभूषा, राजधानी से आर्टिस्टों को यहां तक लाने-ले जाने का खर्चा इन सबका अनुमान लगाइए और रही···मेरी दक्षिणा तो उसके लिए तो जब श्री राम जानकी सरकार की आरती करूं तब जो श्रद्धा हो चढ़वा दीजिएगा।"

बाबू गुरसरन कुछ देर सोचते रहे, फिर कहा, "ठीक है, आप कल हमारे संतोषी परशाद के दफतर में चले आइए। खर्च के लिए कुछ एडवांस ले लीजिए, मगर एक शर्त है, वह भी सुन लीजिये।"

"सुनाइए।"

"इस महीने की पच्चीस तारीख को शो होगा। कहां होगा, यह आपको बाद में बतलाया जाएगा। मेरा ख्याल है कि राजधानी के फाइव स्टार होटल 'मौर्या' में जहां वह लोग ठहरेंगे उन्हीं का आडिटोरियम बुक करा लूं। वहीं और भी बड़े-बड़े लोग, मंत्री-वंत्री बुलवा लिए जाएंगे।"

"अरे, अभी सत्रह दिन हैं। कल से दौड़-धूप पर लगूंगा तो पन्द्रह दिनों में रिहर्सल पक्के हो पावेंगे। खैर, सब ठीक होगा। आप निश्चिन्त हो जाएं।

चौदह

दिन का तीसरा पहर। बिल्लू के कमरे में और सब थे, केवल चौहान अभी तक नहीं आया था। स्टोव पर केतली में चाय के लिए पानी गर्मा रहा था और ज़बानों पर बहस। सत्तार चिढ़कर कह रहा था, "मरे साले नक्सली। हमारी नेशनल लाइफ पर आखिर क्या असर डाल सके ? हम जैसे कितने जवानों की ज़िंदगियां चौपट हो गईं साली।"

"अमा यार, उल्लूपंथी की बातें न कर। असल में यह सोच कि यह वाममार्गी एक अच्छे उद्देश्य के लिए इतना जोश, इतनी दीवानगी रखते हुए भी जगह-जगह असफल क्यों हुए ? जैसे हम लोगों को सुहागी और सरसुतिया काण्ड पर न्याययुक्त और उचित क्रोध आया था वैसे ही मार्क्सिस्ट-कम्युनिस्टों में के उग्रवादी गुट ने इसे शुरू किया। वह फेल हो गए। हम भी फेल हो गए। समझा बेटा हवलदारज़ादे।" हरसुख ने कहा।

केतली ज़ोरदार सुस्कारे छोड़ने लगी थी। सत्तार ने स्टोव बंद किया। चाय की पत्ती डालने के लिए ढकना खोला और बंद किया फिर अपनी दाहिनी ओर तख्ते पर रखे प्याले, शीशे के गिलास आदि हाथ से दीवार की ओर खिसकाये और उधर मुंह करके आमने-सामने बैठ गया, ठंडे स्वर में हाथ जोड़कर बोला, "मेरे बाप थे, रिश्वतें लीं इससे मैं इन्कार नहीं कर सकता, मगर ऐ इंटलेक्चुअल आला सेठजादे जनाब रमेश गोयल साहब, और जनाब वकीलज़ादे हरसुख यादव साहब, आप दोनों के वालिदेबुजुर्गवार तो भ्रष्टाचार के समंदर के ह्वेल और शार्क हैं। सूप बोले तो बोले छलनी क्या बोले जिसमें बहत्तर छेद।"

रमेश ने हंसते हुए कहा, "मान लिया यार। अब झगड़ा मत करो। लाओ चाय दो झटपट। ये बिल्लू कहां गया है यार हरसुख ?"

"शैतान को याद करो शैतान हाज़िर।" पीछे के दरवाज़े से निकल-हंसता हुआ बोला, "सत्तार क्या बात है बेटे, मुंह क्यों फूला है तेरा ?"

रमेश ने हंसकर कहा, "अरे इस हरसुखवे ने बिचारे की खोपड़ी पर

नक्सलियों की भैंस चढ़ा दी, चुटीला हो गया है तुम कहां थे इतनी देर से ?"

"वो, ज़रा, मकान मालकिन ने बुलवाया था सो···"

"बाबू साहिब ! अरे बाबू बिल्लूसरण जी हैंगे ?" सीढ़ियों की पतली सुरंग से आवाज़ आई।

"कौन आया ?"

केतली में दूध-चीनी डालते हुए सत्तार को हंसी आ गई, "वाह, क्या नाम लिया है बिल्लू सरन। अब मैं भी यही कहा करूंगा।"

"कौन है भाई ?" कहते हुए बिल्लू उठकर सीढ़ियों की तरफ झांकने चला गया। देखते ही कुछ-कुछ पहचाना मगर चुप रहा।

टेरीलीन की पतलून-बुशर्ट, खादी की टोपी से झांकती चुटिया और बुशर्ट से झांकती कण्ठी के साथ कपाल पर कुंकुम का रामानन्दी चूल्हा। दोहरे बदन के दाढ़ी-मूंछों वाले भगत जी० लालजी हाथ में सुभाष छाप झोला लटकाये सीढ़ियों के दरवाज़े तक आ गए। बिल्लू सरककर एक किनारे हो गया। रमेश और हरसुख सम्हलकर बैठ गए। सत्तार कपों और गिलासों में चाय ओजता रहा। सबकी तरफ दोनों हाथ उठाकर खीसें निपोरते हुए 'जै सदगुर साहेब' किया और पास खड़े हुए बिल्लू की तरफ देखा। बिल्लू बोला, "कहिए।"

भगत जी सामने बैठे हुए रमेश को ही बिल्लू समझ रहे थे इसलिए अकड़कर बोले, "कहूंगा, मगर आपसे नहीं। मैं श्रीमान बिल्लूसरण जी···"

सत्तार बोला, "अजी भगत सुनन्दासरन जी साहब, आप बिल्लू सरन से ही बात कर रहे हैं। (रमेश की ओर सिर घुमाकर) ये तो बिल्ली सरन हैं।"

चौंककर भगतजी के तेवर बदल गए, गिड़गिड़ाते हुए बिल्लू को देखा, कहा, "आप ही बाबू गुरसरण लालजी के सुपुत्र हैं ?"

"जी हां, आइए बैठिए।"

"छिमा कीजिएगा। आपको कभी देखा नहीं था···"

"कोई बात नहीं। बैठिए, चाय पीजिए।" सत्तार ने पहला गिलास उनके सामने रखा फिर औरों की तरफ चाय के प्याले बढ़ाते हुए चहककर कहा, "अरे भाई हरसुख, पहचाना नहीं इन्हें। ये द फेमस भगत सुनन्दा-सरन···"

"हां ऽऽ। सदगुर साहेब तो अपने आपको राम जी का कुत्ता कहते थे पर···मैं तो कुत्ता रांड का, घूरा मेरा नाऊं।" कहकर दम तोड़-सा दिया, गर्दन लटका ली फिर एक गहरी सांस ढीलकर चाय का गिलास उठाया, एक सुड़का लगाया और फिर एक ठंडी सांस ली। चारों मित्र ध्यान से भगतजी की एक-एक भाव-भंगिमा देख रहे थे, मंद-मंद मुस्कराते हुए एक-दूसरे को कनखियों से ताक रहे थे। एक चुस्की लेकर बिल्लू ने कहा, "कहिए भगतजी, कैसे कष्ट किया ?"

"क्या कहें। सदगुर साहेब (कान पकड़कर) नईं-नईं रहीम साहेब का सबद है कि 'जापर विपदा पड़त है सो आवत यहि देस।" कहते हुए आंखें भर उठीं, भर्राये गले से कहा, "आप सब लोगों ने सरसुतिया सुहागी की मरजाद बचाने के लिए जुद्ध किया, अब मेरी लाज बचाइये। क्या कहूं, ससुरी के पहले यार की लौंडिया ने आज भरे बजार में मेरे ऊपर जूता खींच मारा और उल्लू का—(रोना शुरू) प···प···पट्ठा कहा।" भगत जी फूट-फूटकर रोने लगे।

दाढ़ी-मूंछों वाले तीस-बत्तीस बरस के जवान का हुदक-हुदककर रोना देख चारों को हंसी आ रही थी और दुःख भी हो रहा था। और लोग चाय पीते रहे मगर बिल्लू ने उनकी बांह पर हाथ रखकर पूछा, "शांत हों भगत जी, यह बतलाइए कि किस लड़की ने भरे बाज़ार में आपका अपमान किया ?"

हाथों से आंसू पोंछकर रूमाल तलाशने के लिए बुशर्ट और पतलून की जेबें टटोल डालीं, न मिला तो झोले से मैला अंगौछा निकालकर मुंह पोंछने लगे, फिर कहा, "किसकी लड़की बतलाऊं भैया। जनम-मरन रजिस्टर पर तो पिता की जगह मेरा ही नाम चढ़ा हैगा और वो भी इस पापी अधम को अपने हाथ से ही चढ़ाना पड़ा था, क्योंकि बेटी का बाप उस समै नगरपालिका का अधच्छ था, मेरा सगा चाचा साला हरामी की औलाद! जब वो पेट में आई तो ससुरे ने जबरदस्ती मेरे साथ उसकी मैयो के फेरे डलवा दिये।···सदगुर साहेब उसी के लिए कह गए हैं कि 'जोरू जूठन जगत की···"

"अरे तो तलाक दीजिए हरामज़ादी को। किस्सा पाक कीजिये। ये भों-भों-भों-भों रोते क्यों हैं ?"

सत्तार का इस तरह कहना, विशेष रूप से सुनन्दा को हरामजादी कहना भगत जी० लाल को बुरा लगा। रोना-बिसूरना बिसार कर सतेज स्वर में बोले, "एक कनक अरु कामिनी निसफल किया उपाय। वह तो

सदगुर साहेव मेरे लिए सैकड़ों वरस पहले लिख गए थे। मगर करम लिखा भी कुछ होता है। मेरी अम्मा क्या अपने वस में होकर ठाकुर वच्चू सिंह, मेरे पिता की तावेदार वनी? उनकी दो-दो ठकुराइनें वांझ निकलीं और मेरी अम्मा ने मुझे जनम दिया। ठाकुर वच्चूसिंह की जँजाद का इकलौता वारिस होके भी मैं अधिकारी नहीं हूं। कारन कि मेरी अम्मा, मेरी जगदम्वा, नीच जात की थी। वो क्या हरामजादी कही जाएगी? मेरी सुनन्दा को फिर हरामजादी क्यों कहोगे? और अगर है तो उसे हरामजादी वनाने वाले, ऊंची जात वाले—ताकत वाले—पैसे वाले अर्थात् आप सब लोगों को भी हरामजादा बल्कि हरामउद्दर नहीं कहा जायगा?" प्रश्न की लकीर अपनी आंखों से सत्तार की आंखों में सीधी खींचने के लिए गर्दन उधर घुमा दी।

भगत जी की उलट बांसी ने थोड़ी देर के लिए सबको अपने प्रभाव से वांध लिया। वह सकता बिल्लू ने तोड़ा, पूछा, "तो आप यहां किसलिए पधारे हैं?"

"हां, अब आपने काम का प्रश्न किया है। बात ये है कि कल लता के पास नियूयार्क से सुनन्दो की एक चिट्ठी आई है, साथ में एक फोटू है। आपके सिरीमान भाई साहेब और वो ससुरी गलबहियां डाले खड़े हैं और आस-पास ढेर सारे गुड्डे-गुड्डियां, खिलौने और चीज वस्तुओं का प्रदरसन हो रहा हैगा और लिखा है, टु लता, मयंक एंड रस्मी विथ लौ फ्राम मम्मी पापा। खैर, पापा चाहे जित्ते बनाओ हम कुछ नही कहेंगे। हमारा आसिरबाद है। बाकी जो ये लिखा है कि अंकल अर्थात् मैं ठीक तरह से तुम्हारी देखभाल करते हैं के नहीं करते और जो न करें तो कह देना कि आकरके मैं उन्हें ठीक कर दूंगी। सो इससे हमारा भारी अपमान हुआ है। लड़कियां अवश्य यारों की हैं परन्तु मयंक तो मेरा है और ये संका भी भयी कि क्या वो ससुरी आयके मुझे तलाक तो नहीं दे देगी।"

लम्बी वार्ता का क्रम झटके से तोड़कर बिल्लू ने पूछा, "इसका उत्तर भला मैं क्या दे सकता हूं?"

"सो तो नहीं दे सकते, मैं जानता हूं। मैं तो यह अरदास करने आया था कि आप अपने भाई साहेब से कहिएगा कि उसे चौबीस घण्टे भले ही अपने पास रखें बाकी हमारा घर उससे न छुड़वायें। हम आपके पांव पड़ते हैं। हमारी आबरू न बिगाड़ें।"

"आपकी आबरू अब है कहां। वह तो लुट चुकी।" सत्तार ने फिर

खरा खेल दिखला कर भगत जी को तान दिया। वे बोले—"जब तलक सुनन्दो मिसेज जी० लाल है और उसको सन्तानों के बाप की जगह मेरा नाम दर्ज है तब तलक मेरी आबरू कौन ले सकता है। बस, मेरी यही प्रार्थना है आप से।"

"यह सब बातें पापा से कहिए।"

"बात असल में ये है कि बाबू गुरसरन लाल जी मेरे आफीसर रहे हैं और अब तो मेरे मालिक के पिता भी हैंगे। उनसे कहते लज्जा आती है। आप कह सकते हैं। अरे यह भी कह दीजिए कि अगर उनसे बच्चे होयेंगे तो उनके बाप की जगह भी मैं अपना नाम लिखा दूंगा। बाकी मेरी जीउका न जाय,घर न बिगड़ै, यही आबरू है मेरी।" आंखों में फिर आंसू, कुछ-कुछ सुबकनें भी सुनाई दीं।

चौहान आ गया। कमरे में भगत जी का नया नमूना देखकर चौंका। बिल्लू ने त्यौरियां चढ़ाकर भगत जी से कहा, "भगत जी मुझे आपसे कोई सहानुभूति नहीं। मैं भाई से इस मामले में कुछ न कहूंगा। आप जा सकते हैं।"

भगत जी० लाल ने उन्हें घूर कर देखा, फिर एक क्रोध भरी हुंकार-सी छोड़ी। झोला उठाया, खड़े हुए, कहा, "हज काबे ह्वै-ह्वे गया केती बार कबीर। मेरा मुझमां क्या खता मुरवां न बोलै पीर।...ऐसे पीर हम को क्या बचावैंगे। आपै लोगों के कारण देस रसातल में जाय रहा है।" और भी कुछ बड़-बड़ करते निकल गए।

"डर्टी। पर्वर्टेड।" हरसुख घिना कर बोला। सत्तार ने चौहान से पूछा, "क्यों बे साले, अब तक कहां मर गया था?"

"अरे मरा नहीं, ज़िंदा होके आ रहा हूं और तेरे लिए भी ज़िंदगी का पैगाम लाया हूं।"

सब लोग उत्सुक नज़रों से उसे देखने लगे, चौहान बोला, "अभी दोपहर में बिल्लू के पापा ने चपरासी भेज कर मुझे इसके भैया के दफ्तर में बुलाया।"

"नरसों छुटकन्नू भैया के स्मगलर किंग्ज़ों का काफिला आ रहा है न, उनके स्वागत—"

"हां, हां, मुझसे कहा कि बिल्लू तो नासमझी कर रहा है। दो-तीन दिन इधर दो तीन दिन उधर—पांछ-छः दिन का काम है। सौ रुपये रोज देंगे।"

"सौ रुपये रोज़ ?" सत्तार उचक पड़ा।

"हां यह भी कहा कि बाद में पर्मानेंट कामकाज में भी लगवा देंगे, चाहे तो गवर्नमेंट में या बिजनैस में।"

"मुझे ले चल भैया। बबलू मंतरी से संतरी बनवा देने के लिए सिफारिश कर दें इसके पापा···बस। चौराहे पे 'गो-स्टाप' का नाच नाचते हुए रोज़ी-रोटी कमाऊंगा। फिर एक बीबी हो साली—अब जवानी भड़कती है यार।"

हरसुख आखें निकालकर गुर्राया, "साले, अभी कुछ दिनों पहले तो एण्टी ब्लैकमार्केटियर बन कर हम लोगों के साथ नाम कमाया और अब स्मगलरों के साथ नाक कटाएगा ? बिल्लू को देख, बाप-भाई सब को छोड़ कर···"

"बिल्लू कर सकता है, मैं नहीं। मां-बाप, दो ब्याहने लायक बहनें··· उनके लिए रोटी कमाना ही मेरे लिए सच्ची देश सेवा है।"

"हां यार, मेरे साथ भी यही समस्या है। पिता लकवे से पीड़ित। बड़े भाई फिल्मी हीरो बनने की धुन में ही दो बरस पहले अपनी पत्नी और बच्ची को छोड़कर बम्बई गए सो जीरो बनकर वहीं लटके हैं। सालभर से तो चिट्टी-पत्री भी नहीं आई। खेत बंटाई पर देकर गुज़ारा चलाया जा रहा है। जीविका मुझे भी पुकार रही है। जब रास्ता खुला है तो बंद नहीं करूंगा। जनता अभी विद्रोह के पकाव पर नहीं आई। आदर्शों के पीछे इतने जीवनों से जुआ खेलना मेरी आत्मा को गवारा नहीं है।"

"जाओ सालो, गद्दारी करो। अभी बिल्लू और रमेश मेरे साथ हैं।"

सत्तार चिढ़ गया, बोला, "तुम्हारे पिता ने ढाई तीन लाख कमा लिए हैं। रमेश के बाप तो दस-बारह लाख के आसामी हैं। तुम्हारे बाप तुमसे लाख नाराज़ हों मगर वारिस तो तुम्हीं होगे। रमेश को भी···"

बात को पल्टा देकर रमेश बोला, "भई, तीन-चार दिन पहले इसके पापा हमारे यहां आए थे। कस्बे की रामलीला कमेटी की प्रापर्टी—मुकुट कपड़े आदि—लेने। मुझसे उन्होंने मेरे फादर के सामने भी कहा था कि बड़ा अच्छा मौका है। लक्ष्मी और दुनियां की सैर का लाभ होगा। मैंने मना कर दिया। फादर भी बोले कि मेरे तीन लड़कों में अगर एक नेता बने तो हर्जा नहीं। वह धंधे में नहीं जाएगा।"

"हां भाई, अगर उनके पास बारह लाख हैं तो चार लाख तुम्हारे हिस्से में लिख जाएंगे। बेटा, सूद की कमाई से गुलछर्रे उड़ाना और सूद-

खोरों से लड़ने का नाटक खेलना।" सत्तार ने फिर चुटकी ली।

ठंडी सांस छोड़कर चौहान निराश स्वर में बोला, "देश सेवा अब कुछ रईसों की वैचारिक हॉबी बनती जा रही है, गरीबों का मिशनरी उत्साह चौपट होता जा रहा है। आदर्शों के शहीद भी बने तो किसलिए, अपने ही समाजवादी साथियों की धनशक्ति से मार खाने के लिए।"

रमेश की त्यौरियां चढ़ीं, "तुम कहना क्या चाहते हो ?"

"वह कहना चाहता है कि धनी अपने बेटों को समाजवादी नेता बनाने को भी एक बिजनेस इन्वेस्टमेण्ट समझते हैं। यानी उनका बेटा नेता और मिनिस्टर बने और हम गरीब लोग साले उल्लू के पट्ठे ही बने रहें। जैसे थे वैसे ही रहें। वाह रे···"

सत्तार की खरी-खरी कहनी रमेश को चुभ गई, ताव में बोला, "तुम मेरी ईमानदारी और मेरी समाजवादी निष्ठा पर···"

बिल्लू बीच में पड़ा, कहा, "अरे यार, ये आपस ही में तानाकशी···?"

"तुम चुप रहो, बिल्लू। मैं भी एक बार इस रमेश की हिपाक्रेसी का मुंह तोड़ूंगा। तुम बबलू मंत्री जैसे नेता बनोगे, रमेश ? शुरू में आदर्शवाद, फिर महत्त्वाकांक्षावाद। सुहागी-सरसुतिया अन्याय से तबाह हो जाएं और अन्याय की रक्षा के लिए बबलू मंत्री पूरा पुलिस फोर्स लगा दें। वाह रे समाजवाद। बिल्लू हमारा अरेस्ट हो और इनका स्मगलर भैया उनकी छत्रछाया में माल काटे और उन्हें भी मालामाल करे ? वाह रे समाजवाद।"

चौहान की तेज़ी को हरसुख के तेहे ने तोड़ा, "तुम भी तो जा रहे हो उसी स्मगलर की खोह में ? उसी बबलू मंत्री के आगे सर्विस पाने के लिए नाकें रगड़ोगे ?"

"ज़रूर रगड़ेंगे।" सत्तार भी जोश में आया, "ज़ब हम यह महसूस कर चुके कि हमें अपने और अपने घरवालों के लिए रोज़ी-रोटी कमानी है और वह तुम्हारे साथ रहने से हमें मिल नहीं सकती तो शर्तिया वहां जाएंगे। आगे मुस्तकिल काम पाने का लालच ज़रूर है मगर मान लो कि वह न भी मिल सका तो छह-सात रोज़ में यह छह-सात सौ रुपये तो कमा ही लेंगे। तुम्हारा समाजवाद जब तक पूंजीपतियों की कठपुतली बनकर नाचता रहेगा तब तक हमें अपनी रोटी-सालन का जुगाड़ करने के लिए ऐसे ही सिसक-सिसककर जीना होगा स्सालो। हिपाक्रेटो।"

"चल यार, यों गर्माएगा तो बहस लम्बी खिंच जाएगी। बहसबाज़ी

की पुरानी आदत को लाल सलाम कर और चल। देर हो रही है।" चौहान ने सत्तार का हाथ पकड़कर घसीटा और सीढ़ियों की तरफ बढ़ा।

रमेश देखता रहा फिर मुस्कराकर कहा, "यारो हमारा आठवें-नवें दर्जे से यह एम० ए० तक का साथ क्या इतनी आसानी से भुलाया जा सकेगा?"

"नहीं, जब तक घुटे दिलों में हिलोरें उठाने के लिए यहां आए बगैर गुज़ारा नहीं। और भाई, गुस्से में तुम दोनों को कोई अगर कड़वी···"

रमेश ने चौहान के गले में हाथ डालकर अपनी ओर घसीट लिया, फिर दूसरे हाथ से सत्तार की बांह दबाई, कहा, "यार, बहस को एक मुद्दा तो हल हो ही नहीं पाया। तूने छेड़ भर दिया खाली।"

सत्तार बोला, "कौन सा मुद्दा?"

"वही जवानी भड़कने वाला?"

सुनकर सबके चेहरों का तनाव हट गया, हंसी लहरा उठी। हरसुख चहककर बोला, "सुनन्दाओं की कमी नहीं, यारो। एक ढूंढो हज़ारों मिलती हैं। बाकी जिनकी किस्मत में जोरुएं होंगी वे खशी से गुलाम बच्चों की संख्या बढ़ाकर अपनी भड़कने शांत कर लेंगे।"

हंसी-खुशी महफिल बर्खास्त हुई। रमेश भी फिर न रुका, चला ही गया।

कमरे में रह गए केवल बिल्लू और हरसुख। सन्नाटे के समंदर में थोड़ी देर दोनों ही डूबे रहे फिर चुप्पी तोड़ी बिल्लू ने। अपने कमरे में सरसरी दृष्टि घुमाकर बोला, "पिछले पांच बरसों में जब से मैंने यह कमरा लिया है··· हम पांचों की बहसें, गाली-गलौज, हंसी-ठहाके इतने भर गए हैं इसमें कि अब उनका सूनापन अखरेगा, बहुत अखरेगा।"

"हां यार, मुझे तो लगता है कि एक जन्म में ही हमारा पुनर्जन्म होगा। आज की बहस से एक लाभ मुझे अवश्य हुआ है। मैं भी तुम्हारी तरह घर से अलग रहूंगा। पिता के पैसों पर समाजवाद का नाटक नहीं खेलूंगा। यहां नहीं, राजधानी में रहूंगा। वहां 'नेशन' के दफ्तर में मेरी घुसपैठ है। रस्ता निकाल लूंगा। फ्री-लांस जर्नलिज़्म। मेरे लिए अब यही पुनर्जन्म का जीविकोपार्जन कर्म बनेगा। पार्टी के दलदल में उतरकर अपनी गर्मी से उसे सोखना भी मेरा उद्देश्य होगा। मैं अब आतंकवादी ढर्रे से संसदीय प्रणाली को बेहतर समझता हूं। उसी का सहारा लूंगा। मैं इन साक्षर राक्षसों की लंका में विभीषण बनूगा। विभीषण गद्दार नहीं था,

अपने घर में आसुरी सत्ता का विरोधी था।"

"मैं सहमत हूं। हम भले ही वह दिन ला न सकें जो हमारे सपनों में बसा है मगर उसके लिए भरसक अपने समाज में वैचारिक हिलोरें तो उठा ही देंगे।"

"तो तुम भी मेरे साथ राजधानी में क्यों नहीं रहते ?"

"नहीं, मैं अब यहीं रहूंगा। मुझे कहानी-उपन्यास लिखने की प्रेरणा इधर कुछ दिनों से अनायास मिलने लगी है, एकाध लिख भी डाली है, नाम रखा है 'चातक और स्वाति बूंद'।"

हरसुख मुस्कराया, पूछा, "औरों से छिपाने में तुम अवश्य सफल रहे हो मगर मेरी नज़रों में आ गई है बाबू तुम्हारी स्वाति बूंद।"

बिल्लू झेंपा, मुस्कराया, पूछा, "कब देखा ?"

"परसों कि नरसों। तुम नीचे सिगरेट लेने गए थे। मैं आके बैठ गया। ये पीछे के दरवाज़े का पल्ला खुला..."

हंसते हुए हरसुख के कंधे को दबाकर कुछ-कुछ झेंपते हुए कहा, "विधवा है बेचारी। दो बरस पहले केवल फेरों की गुनहगार हो गई थी। मेरी मकान मालकिन में एक तरफ मातृत्व भी भरपूर है और दूसरी तरफ अपनी दकियानूसियत में कठोर भी हैं। श्यामों भी हठीली है। दो बरस कठिन तप से काटे। मैं फरारी से लौट के आया तो ऐसी श्रद्धाभिभूत थी कि पहली बार यह पीछे का दरवाज़ा खोलकर आरती का थाल लिए कमरे मे आई। आरती की, पैरों पर फूल चढ़ाए, पैर छुए। भावविह्वला मुस्कराती हुई चली गई। फिर आई है, पूछा, 'आप खाना खाके तो नहीं आए ? मैंने कहा भारी नाश्ता किया है, भूख नहीं है। कुछ बोली नहीं सीधे हाथ पकड़कर भीतर ले गई। खाना खिलाया। मांजी ने भी भद्रता की मिठास दी। अच्छा लगा।"

"फिर ?"

"फिर दो-चार दिनों के बाद ही हम दोनों बेहोश हो गए। दोनों का पहला अनुभव। मैं फिर बहुत लज्जित हुआ, कहा, यह ठीक नहीं। अच्छा है तुम किसी से विवाह कर लो, मैं एक अपनी बात से बंधा हूं, और कोई बंधन न स्वीकारूंगा।"

"फिर ?"

"बोली, मेरी ज़िंदगी में जो पहली बार आया है उसे ही मन में पति भी मान लिया। अब ब्याह हो न हो, तुम चाहे छोड दो, मैं न छोड़ूंगी।

हठीली है। मां से भी मेरे सामने ही साफ-साफ कह दिया।"

"मां क्या बोलीं ?"

"पहले ज़रा उदास और खिंची-खिंची रहीं। अब ठीक हैं। कहने लगीं कि आबरू न लुटे। मैंने कहा आबरू जाने का डर हुआ तो शर्तिया विवाह कर लूंगा।...खैर, अभी तो सब ठीक-ठाक है, आगे की कौन जानता है। अच्छा, यह तो हुई उप-बात, अब मुख्य पर आ जाओ। हम अपने उद्देश्य को लेकर एक हैं।"

"एक हैं।"

"लेकिन मैं अब शायद सक्रिय राजनीति में उतरना अपने लिए कम उचित नहीं समझता हूं। ट्यूशनें, पत्रकारिता जैसे चलती है चलती रहेंगी। अगर यह कथा-उपन्यास लेखन मुझसे सफलतापूर्वक निभ गया तो फिर यही मेरा कैरियर भी बनेगा।"

"राजधानी तो आया करोगे न ?"

"नित्य। बिना नागा। लायब्रेरी आए बिना कहीं मेरा गुज़ारा है भला। फिर वहीं से खबरों की रोटियां भी भुनेंगी।"

"अच्छा, मैं चलूंगा। एक बार पापा से दो-दो बातें तो होनी ही हैं।"

हरसुख भी चला गया। बिल्लू सोचने लगा, पापा ने मुझे अकेला करने के लिए मेरे मित्रों को भी फोड़ लिया लेकिन वे मुझे डिगा न पाएंगे। थोड़ी देर बाद उठा। नीचे के दरवाज़े बन्द करने गया। जब ऊपर आया तो देखा, कमरे में श्यामा उसकी आंखों के लिए उत्सव बनकर खड़ी है।

—अमृतलाल नागर

16 अप्रैल, 1982

11 बजे रात्रि

281014